Guide du
THEATRESPORTS ™
format créé par Keith Johnstone

L'ITI suit de près les débats qui animent la communauté d'improvisation théâtrale. L'ITI reconnaît avoir fait des erreurs par le passé et souhaite renforcer ses efforts pour assurer la diversité et l'inclusion de sa communauté. Ce guide est le premier traduit en écriture inclusive française. L'ITI souhaite avec cette première étape reconnaître la diversité des genres de ses membres. La convention utilisée dans cet ouvrage sera le pronom ielle (ou ielles au pluriel) indiquant les cas dans lesquels le genre des personnes désignées est indéterminé, évitant ainsi l'usage usuel d'un masculin faussement neutre. Afin de rendre cette écriture compatible au maximum avec les lecteurs d'écran, nous avons privilégié les mots dits « valises » (ex : improvisateurice pour improvisateur et improvisatrice) et les formulations non genrées pour limiter l'usage du point médian. N'hésitez pas à nous faire part de vos observations à ce sujet et vos propositions pour aller plus loin, si vous en avez.

International Theatresports Institute

Publié en 2017 par l'International Theatresports™ Institute (ITI)

215 - 36 Avenue NE, Unit 6 | Calgary, AB | T2E 2L4 | CANADA

Copyright© 2017 ITI

Réalisé au départ pour les ayants droit, ce manuel est désormais disponible gratuitement pour les non-membres.

Ce guide n'est pas une alternative aux droits de représentation.
Si vous souhaitez organiser des spectacles de Theatresports™, merci de postuler via admin@Theatresports.org

Mise en page : Dagmar Bauer konzipiert & gestaltet, Stuttgart, Allemagne
Traduction : Yvan Richardet et Again! Productions
Relecture : Elsa Kmiecik, Emmanuel Body et Antoine Gaudin
Illustrations par fotolia.com

Photographie de couverture :
Teatro A Molla - Bologne, Italie
📷 *par Gianluca Zaniboni*

Page suivante :
Loose Moose Theatre - Calgary, Canada
📷 *par Breanna Kennedy*

SOMMAIRE

8 INTRODUCTION
8   À propos de ce guide
9   Keith Johnstone
10 Ressources
10 L'International Theatresports™ Institute (ITI)

12 LE CONTEXTE DU THEATRESPORTS™
12 Qu'est-ce que le Theatresports™ ?
12 Les origines du Theatresports™
13 Le développement international du Theatresports™
15 Ce que le Theatresports™ peut accomplir
15 Contenu

16 CONCEPTS IMPORTANTS
16 Ce qu'il faut savoir pour débuter
16 La philosophie du Theatresports™
17 L'échec
18 Le travail d'équipe
18 L'impertinence
19 Compétences
20 Terminologie

22 ALLONS-Y
22 Le Theatresports™ en douce
22 Démarrage rapide
23 Ce dont vous avez besoin pour le Theatresports™
23 Un spectacle de Theatresports™
24 La partie de 10 minutes
25 L'atelier libre
25 Variante danoise
26 Forme standard
27 La variété

28 THEATRESPORTS™ UN PEU PLUS EN DÉTAIL
28 Le désastre est inévitable
28 Le début du spectacle
29 Lae commentateurice
29 La compétition
30 Les équipes
30 L'entrée des équipes
31 Les acteurices sur le banc
31 Quitter la scène
32 Les juges
33 L'entrée des juges
33 Les juges de l'enfer
34 Le klaxon
37 Le panier
37 Le score et les cartons de score
38 L'équité
38 Les défis
41 Les prix
41 Conseils de Keith

42 L'ATTENTION AUX DÉTAILS
42 La scénographie
43 Le débriefing
44 Listes de jeux théâtraux

46 POUR FINIR
46 Conclusion
46 Pour plus d'informations

INTRO-
DUCTION

À PROPOS DE CE GUIDE

Nous espérons que vous trouverez dans ce manuel toutes les informations et conseils nécessaires pour organiser votre troupe de Theatresports™.
Ce fascicule a été créé pour guider les jeunes groupes, pour orienter celleux qui pensent faire fausse route et comme piqûre de rappel pour celleux qui pratiquent le Theatresports™ depuis longtemps, de manière à ce qu'ielles puissent surveiller leur évolution et leurs progrès.

Vous trouverez ici tout ce qu'il faut savoir sur l'histoire du Theatresports™, les compétences nécessaires à sa bonne pratique et la philosophie du format. Nous avons également ajouté des informations sur la structure du concept, ses composants et la manière de le jouer. Nous y avons glissé quelques citations de Keith Johnstone, des points de départ pour des réflexions avec votre groupe et des commentaires intéressants pour vous guider à travers la pratique du Theatresports™.

La majorité du contenu de ce manuel provient directement des ateliers de Keith Johnstone, de ses newsletters, de ses écrits à propos du Theatresports™, de son ouvrage *Impro For Storytellers* et de nos entretiens avec lui. Des ajouts et commentaires ont été fournis par des improvisateurices qui pratiquent le Theatresports™ depuis des dizaines d'années et ont travaillé avec Keith pendant ces quatre dernières décennies. La plupart sont, ou ont été des membres du comité de l'International Theatresports™ Institute (ITI).

Même si vous trouverez quelques conseils sur l'improvisation théâtrale, ce guide se concentre surtout sur le Theatresports™. Nous vous encourageons à aiguiser vos compétences d'impro à travers l'enseignement de formateurices et d'autres ressources, comme par exemple :

Livres
IMPRO Improvisation et théâtre
Impro For Storytellers
http://www.keithjohnstone.com/writing/

DVD
Impro Transformations
Trance Masks
keithjohnstone.com/video-1

Ateliers
Université d'été (internationale) au Loose Moose Theatre
loosemoose.com
Liste des formateurs agréés par l'ITI
impro.global
Liste des compagnies membres de l'ITI
(certaines avec ateliers)
impro.global

Vancouver Theatresports - Canada (env. 1982)

Le saviez-vous ?.... Le Theatresports™ est pratiqué sur tous les continents (excepté l'Antarctique) dans plus de 60 pays !

Nous espérons que vous apprécierez la découverte du monde du Theatresports™ et que vous trouverez du plaisir à vous inspirer de l'immense potentiel de ce format qui a déjà enchanté des milliers de personnes à travers le monde depuis 1977.

ITI – Pour inspirer l'improvisateurice !

Keith Johnstone

> En tant qu'improvisateur·ice, vous n'essayez pas de réussir à chaque fois ; vous faites des actions risquées en espérant le miracle. Ne vous forcez pas à « faire de votre mieux ». Faites en sorte que les autres excellent. C'est comme ça que vous excellerez vous-même. Faites des erreurs et restez joyeux·ses.

KEITH JOHNSTONE

Keith Johnstone est né en 1933 dans le Devon, en Angleterre. Il a grandi en détestant l'école, trouvant qu'elle émoussait son imagination. Sa première tactique pour lutter contre la suppression de la spontanéité et l'esprit créatif a été de s'inscrire à l'école de formation du corps enseignant quand on lui a refusé l'entrée à l'université. Le succès de Keith dans l'application de ses techniques de développement, dans un établissement secondaire non sélectif et avec des classes d'enfants dits « moyens » et « non scolarisables », a été indéniable.

Le proviseur de l'école considérait que Keith n'était « pas fait La variété » pour entrer dans le corps enseignant et s'est activement employé à mettre fin à la carrière de Keith. Heureusement, lors d'une inspection de routine par l'autorité scolaire, l'inspecteur qui a suivi la classe de Keith a été tellement impressionné par ses méthodes et les résultats obtenus que le proviseur a reçu des instructions fermes pour lui donner la liberté de continuer à développer sa propre pédagogie. Peu de temps après, Keith a dressé une liste de « choses que ses professeur·es ont interdites - comme faire des grimaces » et s'en est servi comme programme d'études.

En 1956, le Royal Court Theatre lui commanda une pièce, et il continua à y travailler jusqu'en 1966, en tant que chef officieux du département de lecture théâtrale, metteur en scène et professeur de théâtre, puis directeur adjoint. Dans ses premières classes, il a commencé à s'interroger sur l'impact que l'école avait eu sur son imagination en explorant l'inverse de ce que ses professeurs lui avaient enseigné, dans une tentative d'encourager la spontanéité des acteur·ices.

par Steve Jarand

Il a fondé The Theatre Machine dans les années 1960, un groupe d'improvisation en tournée en Europe et en Amérique du Nord, et qui a été invité par le gouvernement canadien à se produire à Expo 67. Keith a déménagé à Calgary en Alberta au Canada dans les années 1970, et en 1977, il a cofondé la Loose Moose Theatre Company. Au fil des ans, Keith a créé et développé les formats d'improvisation mondialement reconnus Gorilla Theatre™, Maestro Impro™, Life Game et Theatresports™, joués dans plus de 60 pays depuis la fin des années 1970. Theatresports™ est devenu un incontournable de l'improvisation moderne, et est l'inspiration des émissions de télévision Whose Line Is It Anyway? (Royaume-Uni, États-Unis), De Llamas (Pays-Bas) et Improv Heaven and Hell (Canada), pour n'en nommer que quelques-unes.

Il est professeur émérite de l'Université de Calgary et auteur de nombreux essais, articles et productions qui ont été jouées en Europe, en Amérique du Nord, en Afrique et en Amérique du Sud. Plus particulièrement, Keith est connu pour ses écrits sur l'improvisation dans les livres IMPRO et *Impro For Storytellers* qui sont traduits en plusieurs langues et sont ses livres les plus lus tant par les communautés théâtrales que par le grand public en général, au-delà des différences culturelles. (Il a récemment été remarqué que son travail surpasse celui de Stanislavski en Allemagne.)

*INTRODUCTION

RESSOURCES

Informations biographiques
Keith Johnstone -
A Critical Biography, ROBBINS DUDECK Theresa
The Keith Johnstone Papers
Pour des questions concernant ces archives ou d'autres compléments d'information au sujet des œuvres de Johnstone, merci de contacter Theresa Robbins-Dudeck, curatrice.
trdudeck@gmail.com
theresarobbinsdudeck.com

> On parle de jouer. D'enjeux théâtraux. De jouer une pièce. Pensez-y.
> — Keith Johnstone

L'INTERNATIONAL THEATRESPORTS™ INSTITUTE (ITI)

En 1998, l'International Theatresports™ Institute (I.T.I) a été créé au profit de la communauté d'improvisation qui s'intéresse de plus en plus au travail de Keith. C'est l'organisation à laquelle Keith Johnstone a confié l'héritage du format Theatresports™. L'I.T.I. est une association de groupes et d'individus réunis par une passion commune pour le travail de Keith Johnstone. Les groupes qui produisent les œuvres de Johnstone : Theatresports™, Maestro Impro™ et Gorilla Theatre™, font une demande de droits d'exécution peu coûteuse. Les écoles sont tenues d'avoir des droits d'exécution également pour des raisons de droits d'auteur, mais il n'y a pas de frais attachés. Les membres de cette communauté mondiale bénéficient du développement continu et du partage du travail de Keith Johnstone ainsi que d'échanges entre les membres. (Rendez visite à des groupes à Würzburg en Allemagne ou à Calgary au Canada, et indiquez que vous êtes membre de l'ITI d'Istanbul ou de Taipei ; on vous accueillera chaleureusement et on vous invitera probablement à les rejoindre sur scène).

Les droits d'exécution servent à soutenir les membres, à offrir des avantages et des formations à la communauté, ainsi qu'à la gestion quotidienne de l'ITI. Les avantages comprennent des séminaires et des rencontres à l'échelle mondiale tous les deux ans lors des conférences internationales de l'ITI organisées à divers endroits dans le monde.

Keith Johnstone a toujours refusé de tirer profit des droits d'auteur de Theatresports™, ce qui permet de réinvestir les fonds recueillis dans des initiatives communautaires. L'ITI est là pour vous soutenir et répondre à toutes les questions que vous pourriez avoir concernant le travail de Keith, y compris sur les techniques d'improvisation, les jeux et le format Theatresports™ en particulier.

> Le Theatresports a été la première forme d'échange international en improvisation. Des groupes aux quatre coins du globe se sont parlé pour la première fois grâce au langage commun du Theatresports.
> **Randy Dixon - Unexpected Productions**
> **Seattle, États-Unis**

UWCSEA Theatresports Show - Singapour
Avec la permission d'UWCSEA

LE CONTEXTE DU THEATRE-SPORTS™

QU'EST-CE QUE LE THEATRESPORTS™ ?

Improguise - Capetown, Afrique du Sud
par Candice von Litzenberg

Le Theatresports™ est un format d'improvisation théâtrale, une création artistique de Keith Johnstone ; le spectacle a pour but de divertir et d'éduquer les acteurices ainsi que les spectateurices. Au premier abord, le spectacle ressemble à un simulacre de compétition théâtrale, au même niveau d'acharnement que les tournois de catch. Pour le public, les acteurices veulent gagner ; mais en réalité, les acteurices sont là pour créer un théâtre jubilatoire et captivant, grâce à leurs compétences de spontanéité, de narration et de jeu collaboratif. Le Theatresports™ est capable de susciter des rires, des larmes, des cris du public et des percées philosophiques, tout en s'assurant un engagement et un divertissement constant des spectateurices.

LES ORIGINES DU THEATRESPORTS™

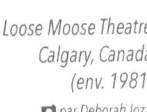

*Loose Moose Theatre
Calgary, Canada
(env. 1981)*
par Deborah Iozzi

*Loose Moose Theatre
Calgary, Canada
(env. 1981)*
par Deborah Iozzi

Keith Johnstone - *Impro For Storytellers* p. 1-2

Le Theatresports™ a été inspiré par les combats de catch. Les compétitions avaient lieu dans des cinémas (devant l'écran) et les mimiques d'agonie étaient jouées face au public. Personne au sein du public ne doutait que c'était du chiqué. Le catch était la seule forme théâtrale véritablement populaire à laquelle j'avais assisté, et l'engouement des spectateurices était quelque chose que je recherchais à tout prix, sans pouvoir l'obtenir dans le théâtre conventionnel.
Nous avons commencé à jouer avec l'idée de remplacer les catcheureuses par des improvisateurices, un rêve impossible : à l'époque, le Lord Chamberlain [censeur royal] devait approuver chaque mot et chaque geste représenté sur une scène publique.
C'était gênant d'entendre des invité·es russes ironiser sur notre manque de liberté.
Je donnais des cours de théâtre en public, ce qui faisait piaffer le Lord Chamberlain : il refusait d'ouvrir cette boîte de Pandore. En tant que simulacre de compétition entre deux équipes, le Theatresports ne pouvait pas se présenter comme un « exercice éducatif ». C'était seulement une manière de dynamiser mes cours d'impro avant que je ne parte au Canada.

LE DÉVELOPPEMENT INTERNATIONAL DU THEATRESPORTS™

Keith explorait les bases du Theatresports™ dans ses cours au Royal Court Theatre dès la fin des années 50. Il en testa les mécanismes en public avec son groupe The Theatre Machine en tournée dans toute l'Europe dès 1960. Le premier spectacle de Theatresports™ sous la forme qu'on lui connaît aujourd'hui fut créé en 1977 par une troupe universitaire qui fonda plus tard la compagnie du Loose Moose Theatre à Calgary, au Canada. Le phénomène prit rapidement de l'ampleur : les spectateurices n'en croyaient pas leurs yeux et les spectacles se jouaient à guichets fermés. Le succès autour du spectacle se propagea très rapidement, et des troupes de Theatresports™ émergèrent un peu partout. La réputation de Keith et ses stages internationaux continuèrent à propager le format ; bientôt, le Loose Moose Theatre accueillit des étudiant·es étranger·es qui voulaient apprendre directement de Keith et autour du Theatresports™. La plupart d'entre elleux ramenaient le format dans leurs valises, et l'expansion continua ainsi jusqu'à nos jours.

En partie en raison de ce succès très rapide et enthousiaste, des problèmes commencèrent à apparaître...

Keith Johnstone - Impro For Storytellers p. 23

> Quand le Theatresports™ est joué par des personnes qui n'ont eu qu'un contact très superficiel (ou même aucun contact) avec moi, vous verrez une copie d'une copie d'une copie. Avec chaque étape, le format sera devenu « moins dangereux » et plus stupide.

Puisque l'enseignement est de tradition orale, ces adaptations ont parfois eu lieu à cause de mauvaises interprétations ou d'un manque d'informations. Vu le caractère inédit de ce concept, il est logique que certaines compagnies aient fait des choix afin de se faciliter la tâche. Cependant, ces modifications ont souvent diminué le risque d'échouer, composante clé des travaux de Keith. Supprimer le risque altère la vision créative du format.

Voici quelques exemples couramment constatés :

· Majorité des scènes remplacées par des jeux
· Accent mis sur la compétition, passage au second plan de la narration et du contenu dramaturgique
· Suppression du klaxon
· Juges que l'on considère comme des figures de divertissement et qu'on affuble de tenues fantaisistes, ou incarnant des personnages.

Le risque personnel de se confronter à l'échec, la narration, le jeu collaboratif sont des éléments essentiels du Theatresports™ et de la méthodologie de Keith Johnstone.

Les compagnies qui pratiquent des versions modifiées du Theatresports™ n'ont pas forcément conscience de l'impact négatif que cela peut avoir sur le format. Cela est compréhensible dans la mesure où il a longtemps été difficile de mettre la main sur des informations fiables. Les tenants et aboutissants du format étaient inaccessibles à de nombreux groupes.

Le présent guide a pour but d'aider à répondre à ces questions et d'apporter des explications sur les concepts de base du Theatresports™. Nous espérons que ces informations donneront envie à tout un chacun et chacune, tous niveaux d'expérience confondus, de s'en réapproprier l'approche créative originale.

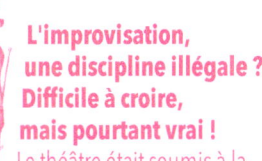

L'improvisation, une discipline illégale ?! Difficile à croire, mais pourtant vrai !
Le théâtre était soumis à la censure en Grande-Bretagne. Les représentations publiques d'improvisation étaient illégales, car lae censeureuse n'avait pas de script auquel se référer.
Il existe encore aujourd'hui des troupes d'improvisation qui se heurtent à la censure d'État.

13

LE CONTEXTE DU THEATRESPORTS™

Histoire vécue en Australie

 Quand nous avons commencé à jouer au Theatresports™, les entraînements allaient de soi, mais pas les représentations. Nous n'arrivions pas à surmonter notre désir humain de compétition, ce qui nous empêchait de donner le meilleur spectacle possible dans un élan commun. Il n'était pas question pour les juges d'« encaisser les tensions » et de participer à l'entraide générale, et lae MC passait la moitié du spectacle à présenter les équipes et commenter les scènes.

Puis, passé l'excitation de la nouveauté, notre public s'est bientôt lassé. Le nombre de spectateurices diminuait et nous avons réalisé que notre compagnie devait changer quelque chose.

Nous avons fini par chercher des formations et des conseils pertinents pour combler le fossé entre la théorie et la pratique. Nous avons commencé à comprendre comment marchait la relation avec le public, ainsi que les stratégies à employer pour décupler la variété et le sentiment de découverte. Le nouveau format était taillé pour mettre en valeur nos acteurices et faire de la place pour de nouvelles têtes ... et nous pouvions improviser deux fois plus de scènes dans le même temps imparti !

Nos acteurices ont adoré y participer, bien plus qu'auparavant, et notre nombre de spectateurices a doublé. Ielles reviennent fidèlement chaque nouvelle saison. Oh, on a bien des petits cafouillages ici et là, mais les bases sont solides.

Nick Byrne - Impro ACT, Canberra

Je commence toujours avec le mime du tir à la corde, ou les « scènes sans P » quand j'enseigne les formats compétitifs. Il faut jouer à fond la compétition sur scène, parce que dans les faits, ça allègera le conflit entre les acteurices.
Jeff Gladstone - Vancouver Theatrsports, Canada

Keith Johnstone

Theatresports™ peut être plus drôle, et parfois plus profond que ses imitations. Ce qui compte, c'est de veiller à ce qu'il se passe des choses, C'est-à-dire : travailler la narration.
Monter sur scène pour faire des jeux basés sur des suggestions du public n'a rien d'une grande prouesse, et au final apportera moins de satisfaction aux acteurices comme aux spectateurices.

Le saviez-vous ?

Avec l'explosion du Theatresports™, la plupart des communautés entendaient parler du Theatresports™ avant même d'entendre parler d'improvisation théâtrale. De ce fait, l'idée de Theatresports™ est parfois devenue indissociable du concept d'improvisation en tant que discipline à part entière L'« improvisation » est la compétence mise en œuvre pour jouer le format intitulé « Theatresports™ ».

Rapid Fire Theatre - Edmonton, Canada
par Marc Julien Objois

Loose Moose Theatre Calgary, Canada
par Kate Ware

Teatrul National Gargu-Mures, Roumanie par Christina Ganj

CE QUE LE THEATRESPORTS™ PEUT ACCOMPLIR

BATS, San Francisco, États-Unis — par Stephanie Pool

Keith Johnstone - *Impro For Storytellers* p. 24

Le Theatresports™ peut :
· Diminuer la peur universelle d'avoir les regards sur soi ;
· Transformer des personnes « banales » en génies de la créativité
 (c'est-à-dire transformer des gens « négatifs » en personnes positives) ;
· Améliorer les compétences sociales et éveiller l'intérêt pour les interactions humaines, tout au long de la vie ;
· Améliorer vos performances générales (comme le prétendent certains élixirs) ;
· Développer les compétences de narration (qui sont largement sous-estimées) ;
· Familiariser les participant·es avec les éléments fondamentaux du théâtre, ainsi que ses composants plus superficiels ;
· Rendre la scène aux acteurices ;
· Permettre au public d'interagir (et même d'improviser) avec les acteurices, plutôt que de rester assis à réfléchir à ce que l'on dira d'intelligent une fois de retour chez soi.

Durant ces dix dernières années, le Theatresports™ et les techniques d'improvisation associées sont devenus des outils pour les acteurices et non-acteurices dans des domaines aussi variés que les sciences sociales, la psychologie des groupes, la pensée créative, la prise de parole en public et le management. L'improvisation développe la confiance en soi et les compétences narratives, à l'écrit et à l'oral. Elle renforce les stratégies de coopération et d'esprit d'équipe. Elle enseigne la nécessité d'accepter ses erreurs et ses échecs en tant qu'ingrédients du processus d'apprentissage, en réduisant la peur associée au fait de prendre des risques, encourageant les participant·es à explorer avec davantage de liberté. L'improvisation encourage les acteurices à utiliser leur instinct et à faire des choix forts, les pousse à remettre en question l'autorité, à réagir émotionnellement et à justifier leurs actions dans un second temps.

Laissez vos égos à la maison.
Shawn Kinley
Loose Moose Theatre,
Calgary, Canada

CONTENU

Parmi les idées reçues récurrentes sur le Theatresports™, il y a celle que le spectacle s'appuie principalement sur des jeux et des contraintes. En réalité, une soirée Theatresports™ en propose peu, voire pas du tout. Comme on enseigne souvent l'improvisation avec des jeux que l'on peut présenter au Theatresports™, il est compréhensible que l'on puisse penser que ces exercices en sont l'attraction principale. Le Theatresports™ consiste en fait en une soirée d'improvisation théâtrale et narrative, enrobée d'un décorum sportif pour galvaniser le public. On y inclut des jeux pour la variété, mais ceux-ci n'ont pas pour finalité de prendre toute la place. Les compagnies qui ont travaillé avec Keith, ou se sont inspirées de ses enseignements, convoquent généralement dans leurs scènes improvisées des éléments théâtraux tels que des masques ou des marionnettes, ou explorent le mouvement, le clown, les émotions sincères, ou bien les contenus faisant la part belle à l'histoire, la religion, la société et les faits d'actualité. Theatresports™ crée une nouvelle forme de théâtre.

L'impro brûle les doigts, et tout le monde adore voir une personne jouer avec le feu.
Antonio Vulpio
Teatro a Molla, Bologna, Italie

CONCEPTS IMPORTANTS

CE QU'IL FAUT SAVOIR POUR DÉBUTER

Le Theatresports™ sera une expérience plus riche si vous commencez par aiguiser vos compétences d'improvisateurice et chercher la bonne attitude pour approcher le format. Les acteurices doivent apprendre à accepter les idées des autres et créer des histoires. Ces éléments de construction sont présents dans les jeux ou les scènes ; ils forment la base du travail. Au début, les néophytes veulent se préserver du danger : c'est pour ça que certaines personnes deviennent très habiles à éviter de faire avancer les histoires ; ou alors ielles ne permettent pas à leurs partenaires de contrôler les choses. Même si le lion n'est que mimé, les improvisateurices répondront « Toi d'abord » si on leur propose de mettre la tête dans sa gueule. Les improvisateurices voudront brûler les étapes, mais il est important de lire ce guide dans son intégralité avant de commencer à improviser ; on peut aussi s'en référer à un autre membre de l'ITI, ou lire les ouvrages de Keith Johnstone. Cela aidera les néophytes à saisir la logique de certains choix réalisés dans la production et la création d'une soirée Theatresports™.

LA PHILOSOPHIE DU THEATRESPORTS™

Les travaux de Keith sont un mélange spécifique de techniques et de performances d'improvisation. En comprendre l'état d'esprit est au cœur de sa théorie.

· Plaisir de jeu
· Soutien de lae partenaire et mise en valeur de ses idées
· Prise de risque et courage
· Honnêteté et vulnérabilité
· Esprit positif
· Sens de l'échec· apprendre à échouer volontiers et avec grâce
· Travail d'équipe
· Impertinence

Étudions les trois derniers en détail...

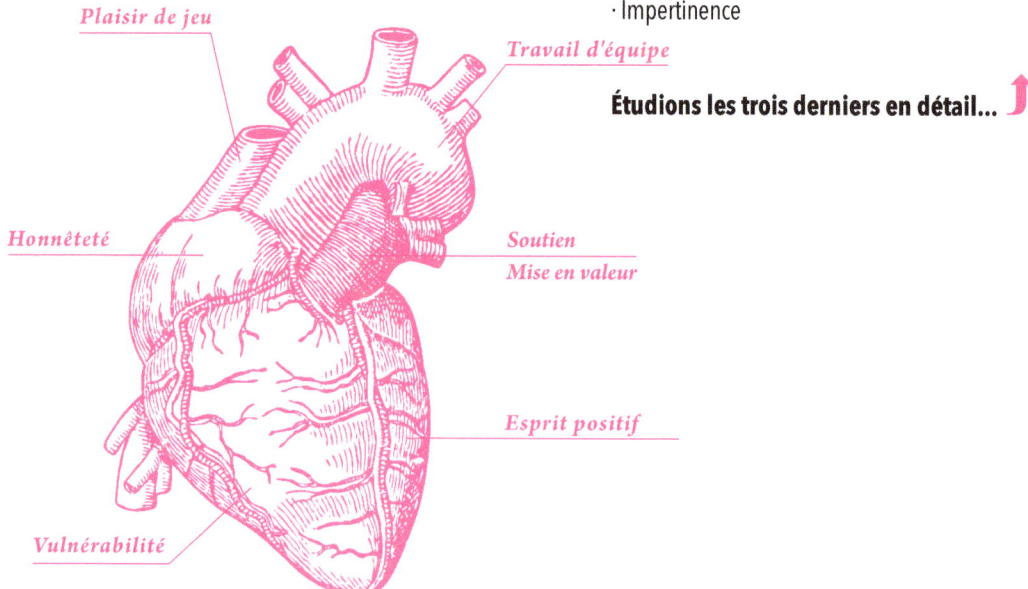

16

L'ÉCHEC

Dans notre société, l'échec est un concept chargé de jugement et de stress. Pourtant, nous savons bien qu'échouer fait partie de l'apprentissage ; et dans l'optique de prendre des risques, nous devons nous préparer à un éventuel échec. Si les improvisateurices veulent jouer librement, cela nécessite d'accueillir l'échec et côtoyer le risque. Le résultat nous donne l'opportunité de montrer au public des petites créatures très spéciales : des improvisateurices au caractère attachant et n'ayant pas froid aux yeux, capables de traverser des fosses de crocodiles ou les flammes de l'enfer, et d'en ressortir l'œil pétillant de joyeuse malice, invincibles aux dangers qui auraient terrassé le premier venu.

Keith Johnstone - Theatresports™ and Lifegame Newsletter - numéro 1, 1989

Dès les premiers cours, on devrait enseigner à l'élève improvisateurice à ne pas froncer les sourcils, ne pas tendre les muscles, ne pas transpirer, rager, souffrir en cas d'échec. Personne n'a payé pour voir ça ; on l'a déjà à la maison (gratis).
L'échec devrait être accueilli comme un élément essentiel de n'importe quel jeu, et comme une opportunité de montrer votre nature généreuse et positive. Si vous restez heureux·e tout en échouant, les spectateurices vont vous adorer ; ielles voudront vous serrer dans leurs bras et vous payer à boire. Râlez, énervez-vous, et vous aurez l'air égoïste et, d'avoir bien mauvais caractère. J'ai observé des pointures de Wimbledon avec qui je ne voudrais pas me trouver dans la même pièce ; le mauvais caractère et l'insolence n'ont que peu d'importance au tennis, mais ce sont des comportements catastrophiques dans un théâtre : on s'en fiche de savoir qui gagne, car les spectateurices sont là pour passer un bon moment, pour se relaxer et se divertir ; ielles sont là pour admirer les acteurices.

Keith Johnstone - Theatresports™ and Lifegame Newsletter - Numéro 1, 1989

Je pensais d'abord que je devais tâcher d'éviter à mes élèves l'expérience de l'échec - je pensais pouvoir y arriver en agençant des exercices très progressifs, par petits incréments de difficulté. Désormais, j'estime qu'il est plus important d'enseigner la capacité à gérer le sentiment d'échec. Je dis à mes élèves de reporter la faute sur leur enseignant·e ou de rire, sans jamais essayer de « mieux s'appliquer » ou de « s'efforcer de s'améliorer ».
Les spectateurices adorent assister à un échec, mais ielles ne veulent pas voir une personne qui se flagelle.
Il y a très peu de gens qui comprennent la valeur de l'échec : on l'associe trop vite à l'autopunition, qui n'a absolument rien à voir avec le processus d'apprentissage (la tension musculaire vient compliquer les choses) et est une attitude défensive.

Theater Anundpfirsich, Zurich, Suisse
par Mike Hamm

Ce que le Theatresports m'a appris, c'est d'être à l'aise avec l'échec. D'autant plus que les chances d'échouer sont très élevées. Ça donne du courage.
Collin Mocherie

CONCEPTS IMPORTANTS

➡ LE TRAVAIL D'ÉQUIPE

Le Theatresports™ EST un travail d'équipe, même si l'on pourrait penser qu'il s'agit d'une compétition entre deux troupes. La véritable équipe comprend toustes les acteurices du spectacle : équipe technique, bénévoles et public. La véritable bataille se joue contre l'ennui, le besoin de sécurité et la médiocrité. La victoire décerne des points au plaisir de jouer, à l'enthousiasme et à des souvenirs forts et positifs. La technique de l'improvisateurice est basée sur le travail d'équipe. Nous acceptons et encourageons les idées des autres pour pouvoir prendre des risques créatifs. Ça n'aurait pas de sens d'abandonner ce genre de principes en spectacle. Lorsqu'une équipe refuse d'aider la scène de son adversaire, elle va peut-être remporter un défi, mais le signal envoyé est contre-productif en improvisation. L'enjeu ne se situe pas au niveau de la gloire individuelle. Il s'agit de travailler avec l'autre pour présenter le meilleur spectacle au public. Quand une équipe se jette sur le plateau pour aider la scène de son adversaire, les spectateurices ont pour récompense des moments de générosité et de bon divertissement. Lorsque votre public revient chaque semaine pour assister à des prestations de qualité, le succès de la troupe récompense les acteurices.

*Picnic Improvisación Teatral
Bogota, Colombie
par Romina Cruz*

➡ L'IMPERTINENCE

Dans son travail, Keith a toujours encouragé un équilibre entre discipline et joyeuse impertinence à l'encontre des règles du Theatresports™. Il souhaite que le public voie les improvisateurices comme des créatures « joyeuses et bienveillantes, relâchées en liberté une fois par semaine » : des acteurices un peu difficiles à contrôler. Le jeu et l'impertinence ajoutent à la qualité du spectacle si tout part d'un bon sentiment.

Les actes de mauvais esprit, comme le dénigrement ou les querelles sur le score, ne servent personne à part les grands égos. L'impertinence ne doit pas perturber le spectacle. Elle doit venir enrichir l'expérience. Voici quelques exemples d'impertinence inspirée :

L'acteurice « retarde le jeu » en twittant à quel point ielle trouve les juges formidables, ou en les prenant en photo.
Les improvisateurices insistent (sans cesse) pour que leurs partenaires (et non elleux-mêmes) aient l'honneur de jouer la prochaine scène.
L'une des équipes commence sans arrêt de nouvelles scènes sur les bords du plateau, dans une tentative de lancer son propre spectacle dissident pour quelques membres privilégiés du public.

Keith Johnstone - Impro For Storytellers p. 20

Si l'impertinence est comprise, tout le monde devient plus audacieux. Elle marche mieux quand elle remplit des temps morts. Évitez-la, et votre travail aura toujours un arrière-goût de soumission.

COMPÉTENCES

Beaucoup de troupes apprennent une version simplifiée des techniques d'improvisation. Par exemple « toujours dire oui, ne jamais dire non ». Le fait d'accepter les idées est bien un concept essentiel, mais qui ne se résume pas au fait de dire « oui ». Nous poussons les improvisateurices à accepter les idées pour qu'ielles soient au service de leurs partenaires, pour prendre des risques créatifs sans peur du jugement. Une fois que cette attitude est acquise, on regarde comment les idées peuvent se développer pour former des histoires à raconter au public. Des compétences comme la présence, le courage de prendre des risques, d'accueillir les échecs avec bienveillance, le lâcher-prise, l'acceptation totale des autres et de leurs idées sont des concepts rares dans notre vie quotidienne : elles nécessitent du travail et de l'entretien.

Voici quelques concepts fondamentaux expliqués grâce à quelques jeux-exercices tirés d'*Impro For Storytellers* :

Spontanéité/Présence
Notre peur du jugement et notre désir de plaire nous poussent à chercher dans notre tête ce qu'il faut faire ensuite. En tant qu'improvisateurices, nous nous entraînons à être dans l'instant, sinon nous ne voyons ou n'entendons pas ce qu'il se passe, nous ne pouvons pas réagir honnêtement et ne pouvons pas travailler efficacement avec nos partenaires.
- Les yeux grands ouverts - p.205-206
- Sons émotionnels - p.268-270
- Objectifs émotionnels - p.184-185
- Jeu du chapeau - p.19, 156-161
- Mantras - p.270-274
- Sandwiches - p.236-237

Lâcher-prise
Quand nous avons peur, nous essayons de contrôler nos corps et nos esprits ; puis nous réalisons que nous avons perdu la sincérité et que nos corps sont crispés. Les exercices déchargeant les joueureuses de la responsabilité d'agir peuvent être libérateurs.
- Tir à la Corde - p. 57-58
- Histoire un mot à la fois - p. 114-115, 131-134, 329

Si vous voulez apostropher l'équipe d'en face, faites comme si vous cherchiez à réprimer un fou rire.
Nils Petter Morland
Det Andre Teatret, Oslo, Norvège

Keith Johnstone

Ne faites pas de votre mieux, car vous aurez le trac. Quand vous voyez des improvisateurices (ou des alpinistes) expérimenté·es faire de leur mieux, c'est qu'ielles ont des ennuis.

- Parler à l'unisson - p. 171-177
- Dit-il/Dit-elle - p. 195-199
- Doublage (synchronisé) - p. 171-178
- Les Marionnettes - p. 200-202

Rester physique
Le fait de trop parler et de décrire ses sentiments est un mécanisme de défense pour la plupart des improvisateurs. Un objectif d'amélioration consiste à jouer physiquement pour que ce soit nos corps qui racontent les histoires, et non notre intellect.
- Gestes à justifier - p. 193-195
- Gromelot - p. 185-186, 214-219
- Transformer le corps-image, p. 276-277
- personnes-objets, p. 303-304
- Assis/Debout/Couché - p. 366-367

Le status
Le status (ou statut) est fondamentalement lié aux relations humaines. Nous jouons un status à chaque instant : explorer et modifier cette caractéristique révèle les interactions de manière théâtrale et fascinante.
- Divers exercices de status - p. 219-231
- Maître-serviteur - p. 240-241
- Les grimaces - p. 162/168
- Hiérarchies - p. 168

Narration
Aiguiser ses compétences en narration fournit aux improvisateurices les bons outils pour dérouler une soirée de théâtre improvisé pertinent, ne se reposant pas unique-

ment sur des jeux, des calembours et des gags. Aux yeux du public, tout a trait au récit : nous devons l'intégrer, et comprendre les manières de nourrir, de développer ces éléments narratifs.

· Divers jeux narratifs – p. 130-154
· Et après ? – p. 134-142
· La Machine à écrire – p. 151-154
· Histoires un mot à la fois – p. 114-115, 131-134, 329

En improvisant, l'un des écueils communs est de détruire les histoires afin d'éviter le danger ou l'inconnu qui se profile. Les enseignant·es et joueureuses qui dirigent doivent avoir conscience de nos réflexes empêchant de faire avancer l'histoire, et encourager les joueureuses à continuer sans crainte.

Histoire vécue au Canada

À la fin du spectacle, Roman Danylo participait à un Die Game [jeu d'élimination où la personne perdant mime une mort] censé désigner l'équipe victorieuse. Après avoir échoué à raconter sa partie de l'histoire, il a mis en scène son décès en se faisant renverser par une voiture. Une personne du camp adverse a alors accouru pour lui administrer une opération d'urgence, puis a épousseté ses vêtements et lui a fait signe de repartir. Le public a ri, et au cours des cinq minutes suivantes, Roman s'est escrimé à mimer des morts tandis que des joueureuses des deux équipes venaient lui sauver la vie. Personne ne se souvient de qui a gagné cette soirée là, mais seulement de notre finaliste facétieux.

Shawn Kinley, Calgary

TERMINOLOGIE

Au fil des années, Keith a défini une terminologie pour décrire les comportements d'improvisateurices qui détruisent les histoires et résistent à l'apprentissage. Voici un extrait d'une newsletter de Keith, qui définit chaque terme en montrant leur effet sur l'histoire connue du Petit Chaperon rouge.

Le spectacle devrait présenter toute la richesse de la vie..
Nadine Antler
Steife Brise, Hambourg, Allemagne

Keith Johnstone - Theatresports™ and Lifegame Newsletter -Edition numéro 1, 1989

Annuler :
le Petit Chaperon rouge était sur le point de partir quand mère-grand a téléphoné pour dire : « Pas besoin de venir »

Digresser :
elle se met en route avec son panier et sa galette ; elle s'arrête pour lancer des cailloux dans la rivière. Bientôt, un radeau surgit, et le Petit Chaperon rouge monte dedans, etc... (n'importe quoi plutôt que de rencontrer le loup).

Être original (l'originalité comme outil de digression) :
elle remarque un truc gris qui bouge dans les arbres, et soudain elle est téléportée dans une faille temporelle qui l'embarque au XVIe siècle...

Se dégonfler (refuser de définir précisément) :
le Petit Chaperon rouge rencontre une... chose vraiment... grande, énorme... grise, une sorte... d'animal de la forêt. (Je vous assure que les improvisateurs font ce genre de choses et se privent d'une base solide en refusant d'identifier ce avec quoi ils interagissent).

Entrer en conflit (dans ce cas l'action est gelée) :
« Comme tu as de grandes dents, mère-grand ! »
« Qu'est-ce qu'elles ont, mes dents ? »
« Elles sont très grandes ! »
« Laisse-moi me regarder dans ce miroir. Mes dents sont parfaites. »
« Elles sont moches. »
« N'importe quoi ! »
Et ainsi de suite.

Chaos instantané (conflit immédiat) :
le Petit Chaperon rouge sortit de chez elle et le loup la dévora.

Passe-temps (activités sans intérêt) :
le Petit Chaperon rouge arrive chez mère-grand ; elles jouent au ping-pong tout l'après-midi.

Temporiser :
« Eh bien vois-tu, ta mamy n'est pas très bien ; elle habite toute seule. Je lui ai déjà dit que c'était stupide, mais elle ne veut rien écouter. Elle a de l'arthrose, et elle commence à avoir de la peine à s'occuper d'elle-même... » Et ainsi de suite. Et Maman ne donnera jamais le panier au Petit Chaperon rouge.

Papoter :
« Tu te rappelles quand je t'ai envoyé avec ce panier de biscuits chez mère-grand ? »
« Oui, j'ai rencontré le loup ! »
« C'était bien avant qu'il finisse en décoration sur la cheminée. »
« Je lui avais dit qu'il avait les dents bizarres. »
« Et il t'avait avalée. Tiens, l'eau est prête !
Je vais faire une infusion. »
« Et quelle surprise de découvrir mère-grand dans son estomac. »

Bloquer :
« Alors, petite, tu vas rendre visite à ta mère-grand ? » « Je n'ai pas de mère-grand. »

Négativité :
« Je vais te dévorer, maintenant ! »
« Pff, vas-y, si tu y tiens vraiment. Mon Dieu, ces loups sont d'un pénible. » (cette réaction est aussi un gag)

Faire un gag (voir plus haut) :
le Petit Chaperon rouge est ceinture noire ; elle fait une prise au loup et l'envoie valser à travers la forêt. Autrement dit : elle évite les ennuis.

Comme vous le réalisez sans doute, toutes ces techniques (à l'exception de faire des gags) peuvent être utilisées pour améliorer une histoire plutôt que de la tuer. Avec la pratique, il devient assez facile de repérer si l'improvisateurice lutte contre les histoires ; et cela peut toujours être corrigé.

Again! Productions - Paris, France
par Romain Sablou

Que l'on gagne ou que l'on perde, c'est au public que l'on doit penser.
Une personne acceptant loyalement un revers est plus agréable à voir qu'un égo meurtri. Quand le public gagne, vous ne pouvez pas perdre.
Shawn Kinley
Loose Moose Theatre
Calgary, Canada

Teatrul National Gargu Mures, Roumanie par Christina Ganj

LE THEATRESPORTS™ EN DOUCE

ALLONS-Y

Keith Johnstone – *Impro For Storytellers* p. 6/7

Mettons que vos élèves sont dans une improvisation et ne prêtent pas vraiment attention à leur partenaire (s'ielles écoutaient vraiment cela les affecterait forcément). Vous pouvez les forcer à ralentir en leur expliquant que la première personne à utiliser un mot contenant le son « P » perd le jeu ; par exemple :

« Bonjour, Maman. » « Tu n'es pas rentrée de toute la nuit, ma fille ! »

Maman a perdu (parce que le mot « pas » contient le son « P »). Bien sûr, si elle avait été un peu plus concentrée, elle aurait pu dire quelque chose du genre : « On avait dit minuit, Alexandra ! »

Les élèves préfèrent ce jeu si vous les partagez en deux équipes et récompensez l'équipe gagnante par quelques points. Et c'est ainsi qu'ielles auront commencé, sans s'en rendre compte, à jouer une forme de Theatresports™.

Continuez avec d'autres jeux. Dites que la première personne à tuer une idée perd le jeu, par exemple :

« Tu as l'air essoufflé. Tu as couru ? » « C'est mon asthme. »

Cette crise d'asthme fait perdre lae joueureuse, parce que l'idée de la course à pied a été rejetée.

Jouez au jeu des questions, où vous perdez dès que vous donnez une réplique qui n'est pas une question. » « Souhaitiez-vous m'interroger ? »

« Vous êtes le suspect, n'est-ce pas ? » « Est-ce que je m'assieds ici ? » « Hé, c'est ma chaise ! » (le suspect a gagné)

Impro Now - Adelaide, Australie
par Tracey Davis

DÉMARRAGE RAPIDE

Comment présenter le Theatresports™ à un groupe pour la première fois

1. N'évoquez pas le Theatresports™.
2. Apprenez-leur un jeu compétitif - le jeu du chapeau est un très bon choix.
3. Proposez-leur de constituer deux équipes de trois ou quatre joueureuses.
4. Si la troisième étape était réussie et drôle, ajoutez un rôle de juge.
5. Ajoutez un rôle de commentateurice.
6. Dites-leur qu'ielles sont en train de jouer à une version simplifiée du Theatresports™.
7. Demandez à deux capitaines de choisir trois ou quatre joueureuses pour leur équipe. Nommez une personne garante du score et trois juges. (ET ENSUITE SEULEMENT)
8. Demandez aux équipes de se lancer des défis (sous réserve de l'approbation des juges) ; par exemple, de faire la meilleure scène maître·sse - domestique , ou de faire un « Combat de jambes à l'indienne », ou de présenter la scène la plus effrayante, ou ce qu'il leur passe par la tête.
9. Invitez les autres joueureuses à encourager leur équipe : les démonstrations d'enthousiasme sont fortement conseillées.
10. Donnez à chaque juge des cartons de score numérotés de 1 à 5, et un klaxon pour qu'ils puissent klaxonner les scènes qui deviennent ennuyeuses.
11. Plus tard, vous pourrez donner un micro à lae commentateurice et nommer des improvisateurices à la technique (son et lumières) et à la scénographie (costumes et décors).

Si vous présentez les choses les unes après les autres, les élèves croiront qu'ielles ont eu l'idée du jeu elleux-mêmes. Dans un contexte favorable, la compétition fera croître le désir de s'améliorer techniquement, et l'enseignant·e deviendra une ressource pour les élèves qui souhaitent se perfectionner - un environnement pédagogique idéal.

CE DONT VOUS AVEZ BESOIN POUR LE THEATRESPORTS™ :

Des improvisateurices
· Trois juges
· Une pièce de monnaie
· Un klaxon (voir la page 34)
· Un panier assez large pour qu'une personne puisse y passer la tête (voir la page 37)
· Trois sets de cartons de score, numérotés de 1 à 5. Les cartons doivent être assez grands pour permettre une bonne lisibilité depuis les derniers rangs, et doivent être imprimés des deux côtés.
· Un·e commentateurice
· Un·e médiateurice
· Un microphone si nécessaire
· Une personne responsable des scores
· Un tableau des scores

· Un marqueur, de la craie ou des numéros
· Un espace de jeu
· Une scène, si possible avec des coulisses
· Des sièges pour les équipes et les juges
· Des meubles, costumes et accessoires (voir en page 42 pour plus de détails)
· Une personne à la régie lumière
· Des lumières sur gradateurs, si possible
· Une personne à la régie son/DJ/musicien·ne
· Une sonorisation et un moyen de diffuser de la musique ou des instruments

Commencez le show dans le confort. La connexion est meilleure conseillère que l'excitation aveugle.
Shawn Kinley
Loose Moose Theatre,
Calgary, Canada

Keith Johnstone

Le début du spectacle ne doit pas être trop bien. Faites quelques erreurs.

UN SPECTACLE DE THEATRESPORTS™

Keith décrit un défi (dans les années 1980).

Keith Johnstone - *Impro For Storytellers* p. 2/3

Une soirée Theatresports™ au Loose Moose

Il est huit heures et deux minutes, un dimanche soir où l'odeur du popcorn instaure une ambiance populaire. La musique d'accueil démarre, et les spectateurices commencent à s'impatienter quand soudain une poursuite balaie les rangs du public. Le projecteur s'arrête sur lae commentateurice, debout devant un tableau des scores à la droite de l'arène des spectateurices.

Ielle accueille la foule en brisant immédiatement la glace, leur proposant de « dire à la personne assise à côté de vous le légume que vous détestez le plus ! » ou de « dire à une personne inconnue le secret que vous n'avez jamais avoué à quiconque ! » ou les encourage à se serrer dans les bras (je suis à chaque fois épaté que nos spectateurices nous suivent dans ce délire). Lae commentateurice devient ensuite une voix désincarnée qui réglera tous les problèmes et expliquera les subtilités de la soirée. Cette voix pourra commenter sans s'imposer, au contraire des maîtres·ses de cérémonie qui se sentent dans l'obligation de parler en grands paragraphes pour donner de la substance à leurs interruptions. « Pouvons-nous accueillir les juges sous les traditionnelles huées, s'il vous plaît ? » demande lae commentateurice. Une manière comme une autre de donner la permission au public de huer plus tard dans le spectacle (si besoin est).

Trois juges en tenue d'apparat traversent la scène pour s'asseoir dans la fosse qui borde le plateau. Des klaxons de bicyclette pendent à leur cou (ce sont les « klaxons de sauvetage » pour signifier aux improvisateurices qui ennuient les autres qu'ielles doivent quitter la scène). Leur attitude est obséquieuse et contrite ; ça serait moins drôle de huer des gens qui sourient.

Typiquement, lae commentateurice pourrait utiliser ce genre d'intro : « Il s'agit d'une rencontre de dix minutes qui va être disputée par deux de nos jeunes équipes. Merci d'applaudir les Tamanoirs !... »

Trois ou quatre improvisateurices déboulent de la coulisse opposée à leur banc d'équipe. Cela nous permet de les voir alors qu'ielles traversent la scène. « Et maintenant, un tonnerre d'applaudissements pour Billy-la-terreur ! ». Les équipes devraient entrer en tant que groupe, et non pas comme des individus ; pas comme des stars (ça ferait trop « show business »).

ALLONS-Y

LA PARTIE DE 10 MINUTES

The Court Theatre - Christchurch, Nouvelle-Zélande
par Rachel Sears

Les 10 premières minutes de la soirée consistent en des défis lancés à des néophytes. Il est important que lae commentateurice mentionne le fait que les improvisateurices sont néophytes. Cela leur enlève la pression vis-à-vis du public, qui peut à son tour ajuster son niveau d'exigence.

Les bienfaits de la partie de 10 minutes :
Les néophytes peuvent ainsi se frotter à l'expérience de jeu dans un contexte court, contrôlé et protecteur. L'expérience est formatrice, la meilleure que l'on puisse souhaiter. Le public peut ajuster son niveau d'exigence : le jeu des néophytes n'est pas aussi consistant que le travail d'improvisateurices qui auraient 20 ans de pratique derrière eux. Cela montre au public que l'improvisation n'est pas si facile qu'elle en a l'air. Cela assure aussi que la qualité théâtrale du spectacle ira crescendo au cours de la soirée.

Cette partie peut être jouée en tant qu'Épreuve des juges, où ce sont les juges qui formulent les défis aux équipes, ce qui peut être sécurisant pour les personnes débutantes. On peut aussi jouer la version normale, comme décrit ci-après.

> L'attitude d'un·e athlète, le cerveau d'un·e improvisateurice.
> **Nils Petter Morland**
> **Det Andre Teatret,**
> **Oslo, Norvège**

Keith Johnstone - *Impro For Storytellers* p. 3-5

« Un juge et deux capitaines d'équipe au centre de la scène », annonce lae commentateurice.
On joue à pile ou face, et la personne qui gagne pourra déjà insuffler de la bienveillance en disant : « Vous lancez le premier défi. »
Un·e joueureuse traverse la scène « en territoire ennemi » et annonce : « Nous, les Tamanoirs, nous vous défions vous, Billy-la-terreur, à la meilleure adaptation théâtrale d'un film récent ! » (ou autre chose). « Nous relevons le défi ! » crient les adversaires.

Chaque équipe improvise sa « scène de film » (celleux qui ont lancé le défi commencent toujours par le relever), et les Juges donnent des points en levant des cartes qui attribuent de 1 à 5 points : une scène de 5 points est jugée excellente, 1 point veut dire que la scène est mauvaise et le klaxon signifie aux improvisateurices de « gentiment quitter la scène ». Les défis se succèdent jusqu'à ce que le temps imparti soit écoulé. Parfois il y a des défis « mixtes », dans lesquels les joueureuses de chaque équipe participent ensemble - peut-être sous la forme d'un « défi mixte jugé sur la sincérité et le réalisme » (les défis mixtes peuvent impliquer plus d'une personne de chaque équipe). Les défis peuvent être de n'importe quelle nature (à la discrétion des juges) - par exemple, le défi de Bruce McCulloch de réaliser « la meilleure scène pendant le temps que je peux rester la tête plongée dans un seau d'eau. ».

Les défis s'enchaînent avec variété : scènes rimées, parlées en gromelot, chantées, et ainsi de suite, alors que l'improvisateurice-son peut ajouter des effets spéciaux de tonnerre, des explosions ou de la musique folk, ou la Chevauchée des Walkyries, du punk rock, la Danse de la Fée Dragée, ou une musique de vampire, ou des thèmes romantiques, ou un bruit de chasse d'eau, ou un autre effet pertinent.

La partie d'introduction de 10 minutes est généralement suivie d'une session d'un quart d'heure dans laquelle un·e « coach » donne un court atelier (exactement de la même manière que ce que je faisais dans les années soixante avec The Theatre Machine).

L'ATELIER LIBRE

Keith Johnstone

Il s'agit d'un petit cours destiné à quelques improvisateurices en formation ; cela peut être celleux qui ne sont pas dans une équipe. Cet atelier est là pour faire plaisir au public et lui faire voir les secrets de fabrication — les trucs — de l'improvisation. Parfois, c'est le meilleur moment de la soirée (les explications sont réduites au strict minimum, ce n'est pas une conférence. Si les improvisateurices peuvent comprendre, le public comprendra. Ou du moins, il comprendra en les voyant à l'œuvre.)

Lae leadereuse de la session d'un quart d'heure est un mélange de professeur·e d'atelier et de gardien·ne de zoo. Les acteurices doivent être des singes ravis d'être sur scène (parfois, il faut un petit effort pour les garder sous contrôle). Rendez-vous compte : lorsque lae leadereuse demande « Puis-je avoir deux personnes sur scène ? », il est bien mieux de voir cinq personnes se ruer sur scène (quitte à en faire rasseoir trois) que de rester là à prier les improvisateurices pour qu'ielles viennent sous les projecteurs. L'état d'esprit que vous dégagez va contaminer le public : « peur et nervosité » ou « joie et malice » ?

Un atelier libre pourrait inclure :
- Des exemples où les improvisateurices bloquent ou acceptent· et comment l'enthousiasme modifie le résultat.
- L'exercice des dotations pour montrer l'intérêt d'avoir des attitudes marquées à l'encontre des autres partenaires (voir *Impro For Storytellers*, p. 233)

- Des exercices de status
- Des exercices de masque
- Des exemples d'exercices basiques rarement utilisés en spectacle : la main sur le genou, les grimaces, parler à l'unisson, etc.

L'atelier libre peut aider les plus jeunes improvisateurices à prendre confiance. Ce moment ne doit pas avoir lieu chaque soir comme un passage obligé. Utilisez-le comme un outil au service du spectacle, pour divertir votre public et aguerrir les joueureuses. Vous seriez surpris de voir à quel point le public sera ravi de pouvoir découvrir vos « secrets ».

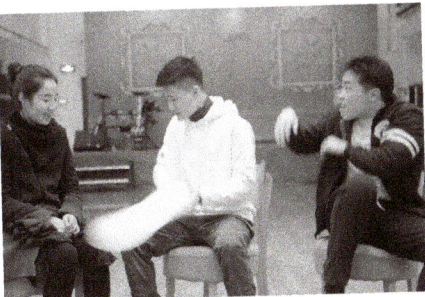

Beijing Horse Horse Tiger Tiger Culture Communication Inc. Chine par Zeng Cheng

Autorisez le public à être honnête.

Keith Johnstone

VARIANTE DANOISE

Keith suggère que les groupes débutants dans le Theatresports™ commencent avec la variante danoise, plus simple à mettre en place.

Keith Johnstone - *Impro For Storytellers* p. 4/5

L'atelier libre est généralement suivi du Danish Game [ou variante danoise] (appelé ainsi car je l'ai inventé au Danemark, à un moment où nous voulions insister sur la dimension internationale du Theatresports™).

Les juges sortent de la salle, puis un·e médiateurice présente le panier de pénalité (s'il n'a pas été encore utilisé), et explique au public qu'après chaque défi, il leur sera demandé de crier le nom de l'équipe ayant « proposé la meilleure scène ». Ielle les entraîne à crier aussi fort que possible.

Certaines troupes trouvent plus élégant de faire brandir des cartons bicolores à leurs spectateurices, mais cela manque de témérité : qu'y a-t-il de plus drôle que de hurler le nom de l'équipe dont vous avez apprécié la scène ?

Après chaque défi, lae médiateurice rappelle aux spectateurices le contenu des deux scènes auxquelles ielles ont assisté (car le rire interfère sur la mémoire à court terme) : « Avez-vous préféré la scène d'amour où le bourreau fuguait avec le prisonnier ? »

> Ou la scène d'amour dans laquelle le vieux geôlier déclamait de tragiques adieux à son fidèle balai ? Vous allez crier à trois... Un ! Deux ! Trois ! »
>
> On attribue 5 points aux joueureuses qui ont gagné, et le défi suivant est lancé. Parfois, il faut crier une deuxième fois, ou demander de crier séparément les noms des deux équipes, mais même si nous avions un applaudimètre ou quelque chose du genre, on ne l'utiliserait pas. Les hurlements collectifs sont parfaits pour purger les âmes.

Les noms de chaque équipe devraient contenir le même nombre de syllabes. Sinon, lorsque le public vote à voix haute, le nom le plus long sera privilégié. Mieux vaut éviter les cris et les sifflements, car il devient difficile de distinguer les choix.

Keith Johnstone

> Supprimez le risque, la compétition et l'échec : vous avez détruit le « sport » du Theatresports™.

Lae médiateurice de la variante danoise n'est pas la même personne qui commente le spectacle. Le rôle à part entière de médiateurice consiste à expliquer la variante danoise et faire voter le public. C'est aussi à ellui qu'incombe la tâche de klaxonner les scènes et attribuer le panier de pénalité. Lae commentateurice reste à sa place près du tableau des scores, et continue d'annoncer les points et de clarifier certains aspects du jeu au micro. Son rôle est également de présenter et de remercier les équipes et lae modérateurice.

FORME STANDARD

Loose Moose Theatre - Calgary, Canada
par Deborah Iozzi

La forme d'origine du Theatresports™ impose qu'une équipe lance un défi et que les deux équipes basent leur scène sur ce défi. L'équipe A défie l'équipe B. L'équipe qui défie commence toujours. L'équipe A commence. L'autre équipe reste en coulisse mais à vue, et peut réfléchir à la manière de relever le défi (sans perturber ce qui se passe sur scène). On pense toujours en termes de variété du spectacle.
L'équipe A reçoit son score (de 1 à 5). L'équipe B joue son défi, puis reçoit son score.
Ensuite, c'est l'équipe B qui défie l'équipe A. Là encore, c'est l'équipe qui défie qui commence à jouer. Le jeu continue ainsi pour toute la durée de la rencontre. Les juges font en sorte de faire terminer le spectacle sur une bonne scène, ce qui veut dire que la durée de la soirée doit rester souple.
Le spectacle se termine avec l'annonce de l'équipe victorieuse ; les deux équipes se retrouvent au milieu de la scène pour se serrer la main, comme dans n'importe quelle autre compétition sportive, en saluant également le public. Lae commentateurice peut alors souhaiter une bonne soirée à l'auditoire et un bon retour chez lui.

Keith Johnstone - *Impro For Storytellers* p. 5/6

> Notre public sort du théâtre au plus tard à 22 h, et si le spectacle s'est bien passé, vous aurez eu l'impression d'avoir observé une bande de gens très bienveillants et coopératifs qui n'avaient pas peur d'échouer en public. Il est presque thérapeutique de baigner dans cet environnement, de crier et d'applaudir, et même parfois de les rejoindre sur scène. Avec un peu de chance, vous aurez l'impression de sortir d'une incroyable soirée entre proches ; ce genre de fêtes qui ne dépendent pas de la quantité d'alcool, mais de la qualité des interactions positives.

LA VARIÉTÉ

La variété des scènes est très importante au Theatresports™. De la même manière qu'un cirque programme lae jongleureuse avant le saut de la mort, ou que Shakespeare ajoute des personnages comiques à ses tragédies, les improvisateurices doivent se battre pour la diversité. Les improvisateurices doivent le faire consciemment, parce que les acteurices tombent naturellement dans des schémas répétitifs, et une soirée risquerait de garder le même goût, en termes de contenu, rythme ou thématiques évoquées.

Cherchez la diversité sur les points suivants :
- la longueur des scènes ; si une équipe propose une longue scène, rétorquez par une scène courte
- le nombre d'artistes sur scène ; si une équipe a proposé une scène solo, montez à plusieurs
- l'ambiance visuelle ; si une équipe a utilisé l'espace sans scénographie, amenez des meubles ou colorez vos lumières, ou jouez dans le public
- le contenu ; pas de scène d'amour après une scène d'amour
- la tonalité ; après une scène drôlissime, tentez une scène calme, simple, lente, dramatique ou silencieuse
- Ne visez pas toujours à faire rire, cherchez à raconter des histoires

Keith Johnstone - *Impro For Storytellers* p. 9/10

Les Tamanoirs bondissent sur les planches pour présenter leur scène.
« Attendez », dis-je : « C'est comme ça que les autres sont entré·es sur scène. Est-ce qu'il n'y aurait pas une autre manière de montrer votre caractère espiègle et bienveillant ? »
Ielles ne disent pas un mot.
« Souhaitez bonne chance à vos partenaires. Serrez-leur la main. Faites mine de les assister comme s'ielles étaient des boxeureuses. Épongez-les. Mimez des protège-dents que vous leur mettez en place. Clamez qu'ielles sont "imbattables" sur ce défi. Faites-leur signer des autographes. Vous ne pouvez pas montrer votre charme, votre courage et votre sens de l'humour à moins de faire preuve de malice ! »
« Mais les juges vont lancer le compte à rebours pour commencer la scène ! »
Les juges commencent un compte à rebours si l'équipe est jugée trop lente. Cela doit rester exceptionnel.
En Europe, c'est le public tout entier qui fait le compte à rebours, avant chaque scène. Il ne devrait le faire que lorsque les juges le font. Parfois, les équipes ont besoin de plus de 5 secondes, sans pour autant gaspiller leur temps.
Ielles sont sur le point de se lancer dans une scène maître·sse - domestique.
« Un petit moment ! On a une table et deux chaises, mais c'était déjà la configuration de la scène précédente. Et si on jouait sur une scène vide ? Ou dans la barque ? Et si nous invitions des spectateurices sur scène, pour qu'ielles jouent nos reflets dans des miroirs déformants d'une fête foraine ? »
Ielles se mettent à déplacer les meubles, tandis que leurs camarades restent passifs en réserve.
« Hé ! Venez donner un coup de main à vos partenaires (même s'ielles sont de l'autre équipe). C'est du théâtre, pas un job ingrat où les gens se tirent dans les pattes et font la gueule. »
Les Tamanoirs commencent leur scène.
« Attendez ! » « Quoi encore ? »
« L'autre scène avait lieu dans un château, tout comme celle-ci. Pourquoi est-ce que ça ne serait pas deux gardien·nes de phare qui jouent au golf ? Ou Dieu qui se fait masser par deux anges ? Ne répétez jamais ce que l'autre équipe a fait, à moins qu'elle ait été tellement médiocre que vous puissiez affirmer : "Nous allons vous montrer comment vous auriez dû jouer cette scène !" »

THEATRE-SPORTS™ UN PEU PLUS EN DÉTAIL

LE DÉSASTRE EST INÉVITABLE

Keith Johnstone - *Impro For Storytellers* p. 12

La première fois qu'un groupe travaille en public, il se fait tout petit, humble et vulnérable. Les spectateurices leur donneraient le Bon Dieu sans confession. Lors de la représentation suivante, ielles déboulent sur scène gonflé·es à bloc, et le public se dira : « Ah ouais, ielles se trouvent drôles ? Voyons ça ! » et les lauriers de la gloire se fanent bien vite.
En tant que personnes débutantes, vous ferez le yo-yo entre l'arrogance et l'humilité ; c'est inévitable, comme tomber de vélo quand on enlève les petites roues.

Jouer devant un public est fondamental. De grâce, ne vous cachez pas en essayant d'atteindre la perfection avant de prendre ce risque. Les groupes qui s'entraînent en privé dans le but d'être assez expérimentés n'oseront jamais faire le pas ; et c'est dommage, parce que vous apprenez plus vite en vous montrant à des personnes inconnues implacables plutôt qu'à vos proches qui vous pardonneront tout.

Keith Johnstone

On aurait bien besoin d'une mauvaise scène, là tout de suite.

La société valorise la perfection, le succès et la sécurité. Le Theatresports™ encourage la spontanéité, l'échec et le risque.
Patti Stiles
Impro Melbourne, Australie

LE DÉBUT DU SPECTACLE

Des feux d'artifice et de la fanfare ?
Beaucoup de troupes pensent qu'il faut beaucoup d'efforts au début de la soirée pour « chauffer » le public. Alors on crée de l'excitation et de l'énergie pour un départ ÉNORME.

Cette approche peut être contre-productive :
· Cela crée du stress et du trac chez vos joueureuses qui devraient être « à la hauteur ».
· Cela suscite des attentes chez le public, qui croit venir assister à de grandes performances, ce qui n'est pas forcément valable pour toute la soirée ; une entrée en matière sobre impliquerait le contraire.
· Cela intimide les spectateurices et les empêche de s'investir en tant que volontaires.
· Cela crée un concours de créativité. Parfois, les spectateurices pensent qu'ielles doivent être « à la hauteur » du spectacle avec leurs suggestions. Ça devient presque impossible d'obtenir des propositions simples et sincères.

Si les spectateurices quittent la salle du spectacle en pensant que la soirée était meilleure au début qu'à la fin, ou que vous les avez épuisés par un enthousiasme factice, alors ils ne reviendront pas les semaines suivantes.

Commencez le spectacle avec lae commentateurice qui accueille le public de manière positive et bienveillante ; une atmosphère qui encouragera les improvisateurices à monter sur scène et à prendre des risques.

Keith Johnstone

La plupart des groupes ne réalisent pas à quel point ils sont compétitifs.

LAE COMMENTATEURICE

On préfère l'appeler ainsi, plutôt que « présentateurice » ou « MC/Maître·sse de cérémonie », car personne ne « présente » le Theatresports™. Son rôle est de familiariser, de clarifier, de veiller à l'efficacité du spectacle et de glisser des précisions, comme le ferait un·e commentateurice d'événement sportif. Ielle est assis·e à côté du tableau des scores et parle dans un micro. Si possible, le tableau dispose d'un éclairage séparé, pouvant être facilement allumé ou éteint pour mettre à jour les scores, et où lae commentateurice peut occasionnellement se montrer. En charge de l'introduction et de la conclusion du spectacle, ielle est la voix qui facilite l'événement du début à la fin, comme au football.

Les tâches de lae commentateurice :
· Être agréable et efficace
· Présenter les joueureuses et les juges
· Articuler les différentes phases du spectacle
· Aider les équipes et les juges à ne pas perdre le fil du spectacle (lorsque c'est nécessaire). Par exemple, qui lancera le prochain défi, etc.
· Annoncer le score donné par les juges (si une partie du public ne peut pas les voir)
· Expliquer certains éléments du jeu. Par exemple : « Les juges font retentir le klaxon lorsqu'une scène devient ennuyeuse, de manière à inviter les joueureuses à quitter la scène immédiatement. La scène recevra quand même un score. »

Il est fondamental que lae commentateurice n'entre pas en compétition avec les joueureuses pour s'attirer l'attention et les rires du public.

Loose Moose Theatre
Calgary, Canada
par Kate Ware

> Keith Johnstone - *Impro For Storytellers* p. 9
>
> Imaginons que la scène est finie et que les juges prennent du temps pour annoncer le score - que doit faire lae commentateurice ? Leur dire d'aller plus vite ? Cela élèverait un peu trop votre status. Dites plutôt : « Et la note des juges est... » et si rien ne se passe, appuyez encore l'allusion. Dites tranquillement : « Les juges prennent leur temps pour rendre leur verdict », ou « Le public n'y tient plus ». N'ayez jamais l'air agressif ou condescendant.

LA COMPÉTITION

> Keith Johnstone - *Impro For Storytellers* p. 23
>
> Certaines personnes (souvent supporteurices notables quand il s'agit de sport) condamnent le Theatresports™ en prétextant que c'est un format compétitif. C'est le théâtre en général qui encourage la compétition - et je pourrais vous raconter des histoires incroyables. Le Theatresports™ peut transformer des personnes débutantes nombrilistes et jalouses en joueureuses généreuxse, facétieuxse et capables d'échouer avec grâce.

Il peut être difficile pour lae joueureuse d'ignorer l'état du score, mais il est fondamental de JOUER la mascarade de la compétition vis-à-vis du public, tout en sachant que vous êtes en train de collaborer avec l'autre équipe pour créer du grand théâtre.

> Keith Johnstone
>
> Les équipes du Loose Moose Theatre ont bientôt commencé à chercher la victoire, et même à gâcher le travail de l'autre équipe. Ça ressemblait presque à du football américain.
> Le Theatresports™ devenait méchant et agressif - et la fréquentation fondait comme neige au soleil. J'ai résolu le problème en remélangeant les équipes chaque semaine. Les équipes voulaient encore gagner, mais les joueureuses ont arrêté de se soucier de l'état du score et ont recommencé à s'amuser (plutôt que de jouer pour faire gagner leur équipe). Et le public a recommencé à venir.

※ THEATRE-
SPORTS™
UN PEU PLUS
EN DÉTAIL

LES ÉQUIPES

Défiez-vous et tentez de gagner, comme dans une soirée jeux de société avec des proches ; mais ne prenez pas la compétition au sérieux : c'est le fait de passer un bon moment et de le partager au public qui est important, et pas le fait de gagner.
Patti Stiles - Impro Melbourne, Australie

Il y a une différence considérable entre l'improvisation et les autres formes de performance. L'une des grandes idées du Theatresports™, c'est que votre partenaire est toujours là pour vous soutenir (sur scène et en coulisses). Prêtez attention à tout le groupe. Mettez votre partenaire en valeur. Si vous vous souciez moins de votre petite personne, vous aurez moins peur et tout le monde voudra travailler avec vous.

Keith Johnstone

J'ai assisté à une rencontre où l'équipe adverse était sur scène lorsque l'autre équipe jouait (pour « aider » l'autre équipe), et on m'a dit que le fait d'avoir tout le monde sur scène était « démocratique ». Ce n'est pas vraiment le cas au Loose Moose, où un·e improvisateurice avec assez d'expérience peut très bien se retrouver face à une équipe de quatre joueureuses.
« Ça ne plairait pas à votre public de voir une personne seule jetée en pâture, d'assister à sa lutte pour la survie ? »
« Pour nous, c'est du "cabotinage", m'ont-ielles répondu.
« Mais c'est exaltant de voir un·e acteurice au centre de l'attention, et qui ne ressent pas la peur. Les solistes au violon, les magicien·nes, les jongleureuses ne cabotinent pas forcément ! »
Les joueureuses arrogant·es pensent qu'ielles s'y prennent mal lorsqu'ielles jouent des personnages soumis, ou quand ielles attendent sur un banc. Ielles sautent sur scène pour voler un peu de gloire, sans se demander s'ielles sont indispensables à la scène. Pourtant, le théâtre du monde entier est basé sur des scènes à deux personnages. Il est très difficile de trouver une bonne scène à trois personnages, parce que le troisième fonctionne souvent comme un·e spectateurice. Pourquoi l'improvisation théâtrale devrait-elle obéir à des règles différentes ?
Les scènes impliquant toute l'équipe devraient être l'exception qui confirme la règle.

L'ENTRÉE DES ÉQUIPES

Keith Johnstone - *Impro For Storytellers* p. 7/8

Loose Moose Theatre
Calgary, Canada
📷 *par Kate Ware*

J'enseigne le Theatresports™ dans un groupe, et les Gros matous et les Tamanoirs sont présentés par lae commentateurice ; ielles traversent la scène pour rejoindre leur banc.
Je les interromps : « Ne vous baladez pas comme des individus isolés. Prenez conscience du groupe. Ayez l'air d'une équipe. Restez compacts. »
« C'est mieux », dis-je. « Mais vous avez l'air nerveux. »
Nouvelle tentative.
« Maintenant, vous avez l'air arrogant. On vous préférait la première fois ! »
« Qu'est-ce qu'on doit faire ? »
« Faites comme si les spectateurices étaient plus aimables que vous l'aviez imaginé. »
Ayez un léger choc d'émerveillement à chaque fois que vous êtes face public. Ne vous forcez pas, contentez-vous de rechercher une sensation, et ayez confiance dans le fait que vos émotions positives seront communiquées de manière subliminale. '
Je peux aussi leur proposer d'imaginer qu'ielles sont enfermé·es dans un carton d'emballage et que c'est leur seule occasion de connaître la liberté.

➡ Ou alors je peux leur demander d'entrer avec des yeux un peu moins grands que d'habitude (froncer les sourcils va les rendre hostiles) et d'essayer ensuite l'effet inverse.
« Entrez à nouveau, mais cette fois avec les yeux grands ouverts ! »
Les yeux écarquillés, les élèves voient la réalité sous un jour positif, et leur énergie se transmet plus facilement. Ielles auront l'air d'avoir moins peur de l'espace autour d'elleux, et il est probable qu'ielles se jugeront moins sévèrement. Supprimez vos réflexes de défense dans la vie, et c'est la panique ; supprimez-les sur scène, et votre peur diminue.

LES ACTEURICES SUR LE BANC

Les joueureuses devraient s'asseoir confortablement sur des bancs situés sur les côtés de la scène, afin de ne pas attirer l'attention du public. Ielles doivent néanmoins être assez proches de la scène pour y entrer à n'importe quel moment pour épauler leurs partenaires.

Keith Johnstone - Impro For Storytellers p. 3

Au Loose Moose, les équipes se fondent dans la pénombre de la fosse d'orchestre, mais nombre de groupes mettent en avant leurs joueureuses en les éclairant à longueur de soirée, face au public lointain : les voilà dans l'obligation de maintenir un rictus figé (typique d'un Theatresports™ de divertissement, dans lequel lae maître·sse de cérémonie devient la star et les joueureuses jouent les faire-valoir, comme dans ces jeux télévisés interchangeables.)

QUITTER LA SCÈNE

*Loose Moose Theatre
Calgary, Canada*
📷 *par Breanna Kennedy*

Keith Johnstone

Quand les acteurices finissent une scène, ielles devraient rejoindre leur banc (certain·es veulent saluer, mais cela fait probablement double-emploi avec le fait que le public a déjà applaudi lorsque les lumières se sont éteintes).

LES JUGES

Teatro a Molla - Bologna, Italie — par Gianluca Zaniboni

Les juges ne font pas partie du divertissement ; ielles sont plutôt un élément vital de la structure, dont le rôle est de protéger et de soutenir les joueureuses, ainsi que d'améliorer la qualité de la rencontre. Ce ne sont pas de simples arbitres. Comme les juges prennent soin des joueureuses, de plus grands risques peuvent être pris sur scène. Vous savez que les juges vous feront sortir de scène si vous ennuyez le public, qu'ielles vous pénaliseront en cas de comportement insultant, qu'ielles vous remettront sur les rails si vous vous dispersez, et que si besoin, ielles concentreront sur elleux l'agacement du public afin de vous protéger et de préserver votre image héroïque.

Keith Johnstone

Les juges sont des parents implacables et les joueureuses sont des enfants « turbulent·es mais bien élevé·es ».

Les juges y parviennent par plusieurs biais :
- Ielles sont la figure d'autorité sur laquelle les joueureuses et le public peuvent se positionner
- Ielles incarnent clarté et efficacité
- Ielles prennent les décisions nécessaires
- Ielles rappellent aux joueureuses d'être efficaces pour proposer et accepter les défis
- Ielles forcent les joueureuses à commencer une scène dont la préparation piétine (« la scène commence dans 5-4-3-2-1 »)
- Ielles demandent aux acteurices de parler plus fort
- Ielles évitent de laisser la médiocrité s'installer sur scène pour prévenir l'ennui du public, grâce à :
  - leur klaxon
  - un geste pour couper les lumières
  - une remarque soufflée aux acteurices : « Trouvez une fin » ou « La scène se termine dans 30 secondes ».
- Les juges gardent un œil sur la variété du spectacle et son contenu
  - Ielles donnent un retour sur le comportement des acteurices (trop de gros mots, pas assez de variété dans les scènes, démarrages trop lents, etc.)
- Ielles infligent le panier de pénalité
- Ielles refusent un défi inapproprié (tout comme les équipes peuvent le faire). Dans le cas d'un défi redondant, ielles peuvent déclarer « On a déjà vu ce type de défi ». Pour un défi trop dangereux, ielles pourraient dire « Étant donné les règles de sécurité en matière d'incendie, les flammes ne sont pas autorisées sur scène. »

À la fin d'une scène, toustes les juges décernent une note entre UN (mauvais) et CINQ (excellent).

Même si toustes les juges sont à égalité, il y a un·e « Juge président·e ». Ce titre contribue à l'illusion d'autorité. Ielle peut arbitrer le tirage à pile ou face et trancher d'autres décisions.

⮕ **Astuce** - les juges ne devraient pas porter de costumes farfelus. Cela diminue leur autorité aux yeux des spectateurices. Il est plus drôle de huer des figures d'autorité.

Keith Johnstone

Ne donnez pas de responsabilités différentes aux juges. Par exemple un·e juge de la narration, un·e juge technique et un·e juge du divertissement. Nous avons déjà essayé et cela n'a jamais marché correctement. Les critères étaient rarement pris en compte, ou ajoutaient de la confusion. S'il vous plaît, abstenez-vous.

L'ENTRÉE DES JUGES

Les juges ne doivent pas proposer d'entrée sophistiquée ni gripper l'efficacité du spectacle. Ielles apparaissent ensemble, et pendant leur arrivée, lae commentateurice invite la foule à les huer. Cela crée un environnement où les spectateurices ont le droit de faire preuve de malice envers les figures d'autorité du spectacle. Les juges ne doivent pas montrer des signes de choc ou de vexation devant les huées.

Keith Johnstone - *Impro For Storytellers* p. 8

> Je fais dire à lae commentateurice : « Merci d'accueillir les juges avec la huée traditionnelle ! » Deux juges traversent la scène pour prendre place sur leur banc, tandis que lae troisième va au centre pour superviser le pile ou face.
> « Vous devriez rester ensemble », dis-je.
> « On gagne du temps. »
> « Mais ça nous empêche de voir les juges comme "une seule entité". Traversez la scène ensemble pendant que le public vous hue. Ensuite, lae commentateurice peut interrompre les huées pour dire : "On attend lae juge-président·e au centre de la scène pour le pile ou face" (cette fonction « présidentielle » est illusoire - il ne devrait pas y avoir de hiérarchie réelle entre les juges). »

Les acteurices qui jouent les juges ne doivent pas se soucier de leur popularité auprès du public. Devenir juge est une compétence qui s'acquiert. Les joueureuses doivent leur donner la permission de faire des erreurs avec le klaxon et doivent garder à l'esprit que les juges font de leur mieux pour contribuer au spectacle.

Dans les bons jours, le public réagit à chaque fois que les juges klaxonnent. Les huées adressées aux juges sont préférables à celles adressées aux acteurices. N'importe quelle émotion dirigée contre les juges est préférable au silence embarrassé du public, lorsque personne ne prend la responsabilité de ce qu'il se passe sur scène.

⊃ **Astuce** - exercez les compétences des juges avec des exercices de status, comme par exemple le jeu du Roi. (voir *Impro For Storytellers* p. 237)

LES JUGES DE L'ENFER

Les juges peuvent également être aidé·es des « Juges de l'enfer ». C'est un précieux moyen de pousser les acteurices à se connecter sincèrement à l'énergie du public. Lae juge de l'enfer (ou les juges) se poste hors de la vue du public - généralement en régie ou à l'arrière du théâtre. Sa mission est de regarder le public et de déterminer si les spectateurices sont réellement engagé·es dans le spectacle. Souvent, les acteurices sur scène ou les juges assis au premier rang peuvent se laisser influencer par les premiers rangs bruyants. Cela peut donner des fausses indications sur l'attention du public dans son entièreté. Lorsque les juges de l'enfer voient que la masse du public est en train de se désintéresser du spectacle, ielles appuient sur un bouton qui allume une lumière devant les juges officiel·les. Ce signal est une petite lumière rouge, visible uniquement des juges. Lorsqu'elle s'allume, c'est une FORTE indication que les juges devraient klaxonner la scène. La petite lumière rouge peut aider les arbitres à évaluer l'adéquation qu'il y a entre leur sentiment et celui du public : elle leur donne la permission d'utiliser le klaxon s'ielles ont un doute.

Keith Johnstone - *Impro For Storytellers* p. 67

> L'échec fait partie de tous les jeux, et le Theatresports™ peut être une activité stressante à moins d'en comprendre toute la philosophie.

THEATRE-SPORTS™ UN PEU PLUS EN DÉTAIL

LE KLAXON

Le klaxon, qu'on appelle aussi « avertisseur d'ennui » est l'un des éléments fondamentaux du Theatresports™. « Klaxon d'urgence » implique un outil de sauvetage utile en cas de danger.

Imaginez que vous êtes sur scène. Votre cœur bat la chamade, la scène est bancale et vos camarades vous regardent depuis les coulisses en se couvrant les yeux, incapables d'assister au naufrage théâtral où vous vous empêtrez. En respectant les vieilles règles du théâtre, la scène s'éterniserait, et s'essoufflerait jusqu'à la fin. Le public applaudirait poliment et vous vous effaceriez de la scène, sachant que le travail était médiocre (pour rester poli).

Mais nous sommes au Theatresports™ et ceci n'est pas du théâtre traditionnel. Le klaxon résonne quand les juges estiment que la scène est ennuyeuse ou que les joueureuses ont l'air en souffrance ; lorsque le stress et le mécontentement se lisent sur les visages.

Quand le klaxon retentit, les joueureuses peuvent revenir sur le banc, l'égo encore sain et sauf. Ce sont les juges qui sont pointé·es du doigt pour leur « méchanceté ». Et on passe à la scène suivante.

Keith Johnstone - Impro For Storytellers p. 4

Les scènes peuvent traîner en longueur, comme dans le théâtre conventionnel, mais jamais jusqu'à l'ennui ou jusqu'au malaise. Il faut les couper par un « avertisseur d'ennui » (un coup de klaxon), et si les juges klaxonnent une scène que tout le monde appréciait vraiment, **toute la salle s'indignera.**

Teatro a Molla - Bologna, Italie
par Manuel Nibale

Le klaxon protège les joueureuses en leur permettant de prendre des risques et d'explorer de nouvelles idées, en sachant que si cela ne marche pas, les juges les aideront à sortir de scène. Cela protège aussi le public, qui n'a pas à assister à des scènes ennuyeuses où les joueureuses n'ont pas d'inspiration. Si les juges klaxonnent une scène que les spectateurices ont appréciée, alors le public se rebelle en criant, ce qui insuffle de l'énergie à la soirée ; on se rapproche alors d'un événement sportif, comme lorsque l'arbitre siffle une faute injustifiée contre votre équipe préférée.

Par le passé, les improvisateurices demandaient à ce que l'on hue les juges qui hésitent trop à faire retentir leur klaxon. Ielles compreniaent que le klaxon n'était pas seulement là pour aider les acteurices, mais surtout pour **aider le public.** Lorsque nous savons toustes que la scène est médiocre, soyons honnêtes et évaluons-la en tant que telle. Si nous parvenons à le faire d'une manière bienveillante, alors nous touchons à l'essence du Theatresports™.

Le public a beaucoup d'admiration pour cette petite créature sur scène qui rit et continue à jouer, même en essuyant des échecs. Les spectateurices seraient incapables de faire la même chose, mais les joueureuses aguerri·es de Theatresports™ y parviennent. Grâce à ce processus, le public sera diverti MÊME en cas d'échec. Il pourra apprécier les succès et les revers des acteurices, car on lui en a donné la permission avec une bienveillance contagieuse.

Keith Johnstone - Impro For Storytellers p. 16/17/18

Si une équipe déclenche l'« avertisseur d'ennui », elle doit interrompre sa scène et quitter l'espace de jeu (c'est davantage qu'un simples « avertissements » sont signalés par un « klaxon » que chaque juge porte autour du cou. Avant que je ne déniche ces klaxons, les avertissements étaient signalés par des cartes « zéro », mais c'était trop pontifiant (les juges peuvent également clore une scène en baissant les lumières ; la personne à la régie lumière et les partenaires de jeu le peuvent aussi, au moment adéquat).

Parfois, même des joueureuses d'une certaine expérience s'enlisent dans une mauvaise improvisation, priant pour une inspiration qui ne viendra jamais. J'ai vu des acteurices débouler dans les loges après un mauvais spectacle en disant : « Où étaient les klaxons quand on en avait besoin ?! » (comme si on leur avait interdit de terminer la scène elleux-mêmes...)

Il y a quelques joueurs qui aiment tellement être au centre de l'attention qu'ielles se fichent d'être ennuyeuxse. J'en ai déjà entendu dire :
« Je suis un·e artiste. Pourquoi devrais-je me soucier de ce que pense le public ? » (je me suis demandé comment se passait sa vie sexuelle).

Ce sont les mêmes qui se plaignent que le klaxon (ou la coupure des lumières) est intervenu trop tôt, en expliquant que le public ne s'ennuyait pas encore. Mais pourrait-il y avoir un meilleur moment ? Le public s'étrangle de rage quand la scène est coupée de manière injustifiée : cela mobilise le public contre les juges (et en faveur des acteurices). Et pourtant, il y a des joueureuses égoïstes qui trouveront cela « trop injuste ».
« Aucun·e juge ne peut avoir tout le temps raison », dis-je. « Et le Theatresports™ n'est pas une école où le prestige qu'on a dépend d'une note. Et après tout, ce n'est pas comme si on vous balançait dans la toundra en plein blizzard. »
« Mais est-ce que vous réalisez l'effet déprimant que ça peut avoir sur le public ? »
« C'est déprimant si les acteurices réagissent au klaxon avec des airs de chien battu, mais c'est réjouissant quand les improvisateurices restent de bonne humeur. »
« Si vous voulez échapper à toute critique, pourquoi improviser ? Mal utilisés, les klaxons peuvent générer une violente frustration, mais entre de bonnes mains ils favorisent un climat de bienveillance. Les spectateurices adorent les improvisateurices capables de rester heureuxses même quand on les expulse de scène. »

Accepter l'avertissement

Certaines troupes souhaitent adoucir l'effet du klaxon en expliquant au public que c'est lorsque les joueureuses « peinent à trouver une chute ». Cela va à l'encontre de l'esprit sportif : le public veut voir des boxeureuses qui se prennent des coups, des hors-bords qui chavirent et des improvisateurices à qui l'on signale clairement que leur scène est ratée. Il faut appeler un chat un chat, et certaines scènes sont ennuyeuses après 20 secondes (d'une stupidité irrattrapable).

Plutôt que d'apprendre comment être rejeté avec la tête haute (l'histoire de cinq minutes) la plupart des troupes suppriment l'avertissement.

Un autre pis-aller est d'imposer une limite de temps sur toutes les scènes, parfois guère plus d'une ou deux minutes. C'est peu satisfaisant, car les acteurices devraient apprendre à terminer les scènes par elleux-mêmes. J'ai même entendu parler d'une affiche qui vantait une soirée de Theatresports™ composé de « scènes inférieures à 90 secondes », ce qui serait compréhensible si l'événement durait un quart d'heure ; mais pourquoi interrompre des scènes qui ont encore de la force et de l'énergie ? Peut-être que des juges incompétent·es avaient laissé des scènes s'étirer douloureusement, et que la règle des 90 secondes était un acte de désespoir.
Au début, nous étions si soucieuxses du ressenti des joueureuses qu'une équipe restait sur le plateau jusqu'au troisième avertissement, et cet avertissement final devait être unanime. Dans un deuxième temps, on virait l'équipe dès le 2e coup de klaxon. Et enfin, le cœur gros, nous avons compris que le respect de la justice était moins important que d'éviter des scènes mortes ; nous avons donc établi que n'importe quel juge pouvait décider à n'importe quel moment de mettre un terme à la scène (sans consulter ses collègues). Et là encore, vous pouvez assister à des scènes horriblement ennuyeuses que les juges laissent se poursuivre, occupé·es qu'ielles sont à jouer avec leurs klaxons d'un air ennuyé et hésitant, n'osant pas « faire le sale boulot ».

Désormais, les juges de l'enfer (celleux qui sont en régie, cf. *Impro For Storytellers*, p. 324) peuvent appuyer sur un bouton lorsqu'ielles s'ennuient. Cela allume une « petite lumière de l'enfer » au pied des juges officiels et en régie. Toustes peuvent ignorer ce signal, mais il est probable que la lumière les tire de leur apathie.
J'aurais pu inventer des moyens plus subtils pour évacuer les improvisateurices hors de scène -comme dans les cafés-théâtres où lae comique doit quitter la scène lorsqu'ielle voit un tableau s'allumer derrière le bar, mais je voulais que l'avertissement soit explicite pour tout le monde ; j'étais fatigué des spectateurices qui donnaient leur « appréciation » du spectacle en disant « j'ai plutôt aimé », comme s'ielles discutaient de la cuisson d'un œuf mollet.

※ THEATRE-
SPORTS™
UN PEU PLUS
EN DÉTAIL

C'est un principe relativement avancé. La plupart des formateurices ne le comprennent pas, parce qu'el·leux-mêmes ont reçu un mauvais enseignement qui les a conduit·es à éviter l'échec plutôt que de l'incorporer et de le gérer d'une manière ou d'une autre. Sans surprise, les jeunes ont plus de facilité à apprivoiser le klaxon, le panier de pénalité et l'échec de manière générale.

Keith Johnstone · *Impro For Storytellers* p. 11

Si le klaxon force l'équipe à évacuer la scène, veillez à ce que le groupe reste de bonne humeur. Les acteurices professionnel·les sont prompts à exprimer de la colère ou de la rancune, mais cette attitude n'a rien d'admirable. Personne ne vous invitera à dîner après le spectacle.

Un exercice de klaxon pour apprendre à échouer avec le sourire

» Lorsque je forme des gens à l'usage du klaxon, j'utilise ce petit exercice que j'ai inventé. Je demande à trois personnes d'être les juges ; toustes les autres se mettent sur un côté de scène. Je leur dis : « Le but du jeu est de garder le sourire après que vous ayez entendu le klaxon. Tout le monde recevra un coup de klaxon à un moment arbitraire. Vous devez montrer que vous êtes heureuxses de le recevoir. Si vous avez l'air ennuyé ou fâché, vous referez l'exercice et vous devrez repasser autant de fois que nécessaire. Parfois, on ne sait pas comment le public juge nos expressions. Pour garantir le côté arbitraire de l'exercice, je vais m'asseoir derrière les juges et je taperai l'un ou l'autre (ou les trois) sur l'épaule pour leur indiquer le moment où klaxonner. »
Deux joueureuses montent sur scène ; à un moment donné, on klaxonne ; s'ielles ont l'air heureux, je dis : « merci, personnes suivantes » et deux autres joueureuses viennent improviser. S'ielles ont l'air un peu mécontent, je dis : « Vous aviez l'air un peu fâché·es, ou surpris·es, ou ennuyé·es. On recommence ! » Et ielles proposent une autre scène. Je veille à ce que les klaxons soient arbitraires et facétieux. Je cherche à saisir le moment où l'on pense que ça ne surviendra pas – c'est à cet instant que l'on peut saisir une véritable réaction. Je laisse certaines scènes se poursuivre, je klaxonne des gens dès leur arrivée, après la première réplique ou je les laisse improviser jusqu'au point où ielles souhaitent que le klaxon retentisse. Si les trois juges font du bon boulot, j'évite d'intervenir. Je suis là pour leur enlever la pression et les encourager. Les gens apprennent très vite à faire la différence entre une réaction joyeuse et une réaction négative face au klaxon. Ielles apprennent également que l'acte de klaxonner n'est pas toujours facile ; ielles ont davantage d'empathie pour les juges. À partir de là, je leur apprends à chercher les moments où le klaxon peut venir sauver les joueureuses, plutôt que des moments arbitraires. S'entraîner à raconter des histoires un mot à la fois en clamant « Again ! » [en cas d'échec, ce qui met fin à l'histoire en cours] est également une bonne entrée en matière. « Patti Stiles

Impro Melbourne - Australie par Mark Gambino

Courtyard Playhouse - Dubaï, Émirats arabes unis par Tiffany Schultz

Impro Okinawa - Japon par Kudaka Tomoaki

LE PANIER

Les juges peuvent pénaliser les joueureuses en les écartant brièvement du jeu avec un panier sur la tête pendant 2 minutes (en principe, sur les côtés de la scène, là où iells sont visibles du public sans détourner son attention de la dramaturgie principale). Même si la punition est purement théâtrale, elle contribue à la parodie des mécanismes d'autorité et à l'esprit de compétition. Cela encourage les acteurices à jouer sans censure créative. Il vaut mieux que lae joueureuse sous le panier ne participe pas à la scène suivante de son équipe. Cela peut apparaître comme un handicap aux yeux du public, mais l'absence d'un·e joueureuse pousse à trouver des solutions créatives sur scène, souvent récompensées. Ces passages à enjeux dramatiques (surtout pour des équipes à seulement deux joueureuses) ne devraient pas être sous-estimés.
Si un·e joueureuse dit ou fait quelque chose pouvant être considéré comme de mauvais goût, iell reçoit une punition. La sanction appliquée, le public sent que le contrevenant a été pris en compte et qu'un malaise potentiel a été écarté.

Le panier de pénalité est typiquement décerné à la personne qui fait preuve de « vulgarité, grossièreté ou agressivité » en dehors de la réalité théâtrale. Les juges ont toute latitude pour apprécier cette règle au cas par cas. Par exemple, une personne impertinente envers les juges tout au long du spectacle peut recevoir le panier. Dans un cas unique, le panier a même été infligé à un spectateur pour ses propos. C'était d'ailleurs un autre spectateur qui avait réclamé l'application du panier ! C'était fait avec humour et cela a contribué au spectacle.

Le public peut lui-même demander que l'on inflige le panier à un·e joueureuse, mais si vous lui donnez ce droit, soyez clair sur le fait que les spectateurices doivent intervenir APRÈS la scène.

Certaines troupes invitent leur public à crier et à lancer des objets pendant les scènes. Cela rend le spectacle un peu bête, et a très peu de chance d'aboutir sur quelque chose de pertinent d'un point de vue théâtral. Les ennuis que cela entraîne attirent l'attention sur la structure du spectacle plutôt que sur la dramaturgie ; dans tous les cas, il est dangereux de lancer des objets à la figure des acteurices que les projecteurs éblouissent souvent, les rendant incapables de distinguer un projectile en approche.

Theater Anundpfirsich
Zurich, Suisse, par Mike Hamm

LE SCORE ET LES CARTONS DE SCORE

Lorsqu'il y a des juges, iells reçoivent cinq cartons (environ 50 centimètres de long, assez grands pour être vus de l'arrière du théâtre). Chaque carton arbore un grand numéro. Ils sont numérotés de UN à CINQ sur les deux faces. Après chaque scène, les juges brandissent immédiatement le score qu'iells souhaitent décerner à la scène. Lae commentateurice (et lae responsable des scores) doivent pouvoir les voir, et reporter le résultat correspondant au tableau des scores.

Le théâtre de l'instant présent.
Dan O'Connor
LA Theatresports™
Los Angeles, États-Unis

Quadrifolli - Milano, Italie
par Gippo Morales

Keith Johnstone - *Impro For Storytellers* p. 10

« Imaginons que les Tamanoirs viennent de présenter une scène peu inspirée. Voyons la note des juges ». Chaque juge lève la carte à un point.
« Mais si la scène ne valait qu'un point, pourquoi la regardions-nous ? Klaxonnez pour que les joueureuses fichent le camp. Ne les laissez pas se noyer. »

THEATRESPORTS™ UN PEU PLUS EN DÉTAIL

Même si le klaxon a retenti, la scène est notée. C'est pour donner au public une deuxième chance d'exprimer son désaccord, ou de gesticuler à grands cris si « son » équipe a reçu le score qu'elle méritait.

Dans le cas d'une scène où deux adversaires (ou équipes) improvisent ensemble, les juges lèvent le bras et pointent un doigt en l'air. Enfin, en même temps, ielles désignent l'équipe qui mérite le point.

Dans la variante danoise, le public est invité à crier le nom de l'équipe ayant proposé la meilleure scène, à la fin de chaque défi (chaque équipe joue le défi). Lae commentateurice demande aux spectateurices de crier le nom de l'équipe qu'ielles préfèrent, et l'équipe gagnante marque 5 points.

Keith Johnstone - *Impro For Storytellers* p. 9

Je leur demande d'imaginer que les Gros matous ont fourni une belle prestation. Les juges leur donnent la note « trois ». « mais s'ielles s'en sont bien sorti·es, pourquoi ne pas les récompenser avec une ou deux notes de 4 ? N'ayez pas peur des critiques pour avoir jugé à la hausse ! »

L'ÉQUITÉ

Dans certains pays, les juges notent les scènes pour que le score reste « équilibré ». L'idée que les équipes devraient recevoir le même nombre de points (indépendamment de leur contribution à l'intérêt du spectacle) va à l'encontre de la notion d'honnêteté en improvisation théâtrale.
Si les juges essaient de créer de la tension en influant artificiellement sur le score, le public va le sentir et comprendra qu'il est manipulé. Lorsque les spectateurices voient une équipe très supérieure à égalité avec un groupe qui peine à proposer de bonnes scènes, ielles se sentent arnaqué·es. Pire : les joueureuses de l'équipe médiocre seront embarrassé·es d'être ex aequo (et parfois d'avoir gagné) contre des adversaires qu'ielles savaient supérieur·es.
Cela ne sert à rien de rendre les choses « justes et équitables ». Il est plus important d'éduquer les joueureuses sur l'attitude à avoir en cas d'échec ou de défaite : garder un esprit ouvert et bienveillant. L'inverse est valable : savoir rester modeste en cas de victoire.

LES DÉFIS

Loose Moose Theatre
Calgary, Canada
📷 par Breanna Kennedy

➲ **Astuce** - Keith encourage l'efficacité ; entraînez-vous à expliquer votre défi ou votre exercice avec le moins de mots possible, et poursuivez le spectacle.

On peut discuter pendant des heures sur la valeur de tel ou tel défi et la manière qu'il aura de contribuer au spectacle. Souvenez-vous que le Theatresports™ est une soirée de performances variées. Si chaque scène avait la même durée et la même émotion, le spectacle n'attirerait pas les foules au-delà du premier week-end. Voici ce que Keith suggère :

Keith Johnstone - *Impro For Storytellers* p. 13-16

Sur le principe de défier l'autre équipe : gardez un certain formalisme. Les défis doivent avoir l'air important (si les acteurices ne prennent pas le jeu au sérieux, pourquoi le public le ferait-il ?) Soyez brefs. La plupart des défis sont suffisamment explicites. Si vous oubliez quelque chose d'essentiel - par exemple qu'une tentative ratée provoque la défaite dans le jeu du chapeau, lae commentateurice ou lae juge peut éclaircir ce point du règlement.

Certaines équipes ne défient qu'avec des jeux théâtraux (et souvent avec les mêmes, d'un soir à l'autre), mais les défis inattendus et inconnus gardent les acteurices en alerte. Visez des nouveautés comme un concours d'épellation, ou l'imitation la plus convaincante d'une célébrité, ou la meilleure scène avec une personne volontaire du public, ou la meilleure scène dirigée par l'équipe adverse. Prenez des risques. Les défis qui ont l'air stupides, incompréhensibles ou redondants doivent toujours être rejetés (à la discrétion des juges).
Une équipe peut dire : « Objection ! » et les juges peuvent demander : « Pour quel motif ? » puis répondre : « Rejetée ! » ou « Acceptée ! ».

Des troupes veulent parfois interdire des défis qui « échouent à chaque fois ». Il y eut un jour un mouvement de protestation pour retirer le jeu des Dit-il/Dit-elle/Dit-iel, mais si l'on interdisait tous les jeux que les groupes veulent éviter, les défis difficiles ne seraient jamais lancés (et maîtrisés). Le problème n'est pas dans le défi, mais dans les juges qui laissent la scène s'essouffler. Si les acteurices sont ennuyeuxses (ce qui est le cas lorsqu'ielles gâchent un défi), virez-les du plateau.

Les grandes équipes se creusent la tête pour trouver de nouveaux défis, par exemple : la meilleure minute de théâtre radiophonique jouée dans le noir (ça donne une chance au public de se faire des câlins), la meilleure scène avec un accessoire imposé par l'équipe adverse (aux Jeux olympiques, Calgary imposa une chèvre vivante à leurs adversaires), la meilleure scène avec un·e spectateurice (à ne pas confier à des équipes débutantes, puisqu'on doit traiter les volontaires avec amour et générosité , ce qui exige de l'expérience), la meilleure interprétation d'un conte populaire (avec un·e spectateurice dans le rôle principal), la meilleure scène d'amour au dénouement tragique, la meilleure excuse, le meilleur mensonge, la plus belle démonstration d'une injustice, la plus grosse revanche, la meilleure évasion, la scène avec le plus d'empathie, la scène qui utilise le mieux l'autre équipe (par exemple en tant que blob comme dans un film de science-fiction, ou un meuble, ou des quilles de bowling), la scène la plus sérieuse, positive, sincère, romantique, inquiétante ou ennuyeuse (les Danois·es des Jeux olympiques présentèrent une version inoubliable de « la plus ennuyeuse des nuits de noces »), des scènes familiales, émotionnelles, etc.
Les grandes équipes se fixent des objectifs, comme inclure des volontaires du public dans toutes les scènes, ou jouer toutes les scènes en gromelot. Lorsque les équipes se défient uniquement avec des jeux (et les mêmes d'une semaine à l'autre), cela devient aussi monotone qu'un repas où l'on vous sert de la soupe à chaque plat.
Les jeux sont là pour le contraste, et devraient être entrelardés d'histoires, de défis de « la meilleure scène d'inspiration religieuse » ou « la scène la plus empreinte de pathos » ou autre chose.

Le besoin de variété : des défis magnifiques sont parfois créés sur le vif, mais quand l'inspiration s'essouffle, les défis se suivent et se ressemblent. Une scène d'entretien d'embauche est suivie par un autre entretien d'embauche. Certaines troupes essaient de résoudre le problème en proposant des défis délibérément flous, comme par exemple : « Nous vous défions de proposer une scène qui implique des performances physiques ». Dans ces moments-là, le Theatresports™ s'éloigne encore un peu plus d'une compétition sportive (parce que dans ce cas précis, il est impossible de comparer le talent des deux équipes).

Une équipe avait trouvé la parade en criant à chaque fois : « Le livre, le livre ! » en jouant la panique et en se précipitant sur le banc pour ouvrir un livre dans lequel ils avaient écrit des défis potentiels. Si vous préparez ce genre de livre, écrivez les défis verbaux dans une colonne, les défis physiques dans une autre, les défis solos dans la suivante et ainsi de suite.

La durée des défis : certaines équipes s'attendent à ce que toutes les scènes durent 6 minutes (environ), mais cela diminue la variété du spectacle. D'autres partent du principe qu'une scène de plus de quinze minutes est supérieure à un sketch de trente secondes. J'ai assisté à des rencontres où il n'y avait pas une seule scène qui fasse plaisir aux acteurices, et ielles s'évertuaient à vouloir les étirer sur six minutes au moins. Il eût été préférable de dire : « C'est nul ! Vous permettez qu'on recommence ? »

Évitez les impasses : ne vous piégez pas en annonçant ce qui va arriver (à moins d'y être forcé). Par exemple : si lae commentateurice a dit :

THEATRE-
SPORTS™
UN PEU PLUS
EN DÉTAIL

« Nous voilà au dernier défi » et que les scènes sont atroces, les juges auront du mal à rajouter un défi. Autre exemple : dans une improvisation dirigée, lae metteureuse en scène amorce une scène dramatique et abuse de son contrôle en indiquant : « N'utilisez que des phrases de trois mots. »
Il aurait été préférable d'ajouter cette instruction ultérieurement... si nécessaire.

Refuser : un défi peut être refusé (faire l'objet d'une objection) à la discrétion des juges. Ce procédé peut ajouter de la variété au spectacle et donner à voir quelque chose d'inattendu pour lae spectateurice néophyte. Quelques exemples : « Nous refusons ce défi, car tout le monde l'a déjà assez vu ! » ou « Nous pensons que ce défi est trop vague. » ou « Nous refusons ce défi, à moins qu'ielles nous aident à comprendre ce qu'il veut dire ! » ou « On vient d'avoir deux scènes en Alexandrins. Faut-il vraiment qu'elles soient suivies de deux scènes chantées ? »
Si une objection est retenue, un nouveau défi doit être proposé, et si ce second défi est à son tour refusé, ce sont les juges qui proposent un défi de leur cru.
Les juges peuvent aussi prendre l'initiative du refus. « Nous rejetons cette proposition ! » (en donnant les raisons) ; ielles peuvent aussi faire allusion à un potentiel refus, par exemple : « Si vous faites objection, nous serons ravi·es de vous soutenir dans cette démarche ! »
Les objections ne devraient jamais être automatiquement retenues ; par exemple « Nous vous défions de proposer la meilleure scène avec une barbe ! »
« Objection ! » « Pour quels motifs ? »« Parce que vous avez des barbes et que nous n'en avons pas ! » « Objection rejetée ! »
C'est juste ! Après tout, une équipe glabre peut très bien improviser des barbes à partir de perruques, ou alors un·e scientifique peut inventer un mécanisme de repousse des poils si puissant qu'une brigade d'intervention doit se frayer un passage jusqu'à ielle à grands coups de rasoir géant.
Une fois, trois membres d'une même équipe étaient puni·es sous le panier (événement très rare) : lae quatrième joueureuse a opposé une objection au défi de « la meilleure scène de status entre quatre collaborateurices jouant dans un ordre hiérarchique ». Son objection a été rejetée, car le public était très excité à l'idée de voir la même personne jouer les quatre personnages (ou collaborer avec trois volontaires du public).
Certain·es joueureuses trop enthousiastes acceptent des défis qui ne présentent aucun intérêt (pour elleux ou pour nous) ; il est toujours mieux de faire objection que de se rendre complice d'un naufrage.

Pendant que l'autre équipe joue, ne passez pas tout votre temps à chuchoter entre vous pour savoir comment rétorquer. Regardez-la avec des étoiles plein les yeux, et faites-vous confiance pour qu'une personne bondisse sur le plateau et annonce au public quelle forme prendra votre réponse.
Tom Salinsky · The Spontaneity Shop, Londres, Angleterre

Keith Johnstone - *Impro For Storytellers* p. 8

Les Gros matous gagnent à pile ou face, et l'un·e d'elleux murmure : « On fait une scène maître·sse-domestique ? »
Je les coupe : « Vous êtes jeunes et en bonne santé, que diable ! Marchez jusqu'au centre-scène et lancez votre défi à haute et intelligible voix. Respectez la forme ; annoncez : "Nous, les Gros matous, vous défions, vous les Tamanoirs, à la plus belle scène maître·sse-domestique !"
La voix n'est pas seulement là pour communiquer, c'est un fouet qui doit discipliner les spectateurices. Soyez dynamiques !
Oubliez ces manières de Hamlet qui tremblerait à l'idée d'un duel ! »

LES PRIX

Lors de vos spectacles de Theatresports™, faites très attention à la manière de récompenser les vainqueureuses. À l'origine, les festivals de Theatresports™ proposaient des trophées fabriqués avec des objets qui traînaient autour du théâtre.

La philosophie de Keith invite les organisateurices à concevoir des prix qui n'ont aucune valeur, afin de ne pas promouvoir les comportements compétitifs. Il a même encouragé les participant·es d'un festival à rentrer chez elleux en clamant qu'ielles avaient toustes gagné (information que devrait à chaque fois confirmer la troupe organisatrice), dans les interviews et dans leur presse locale.

Le cœur du spectacle doit être la collaboration, l'inspiration mutuelle, afin d'offrir une représentation dont le public se souviendra. Si vous y ajoutez des prix de valeur, cela accentuera la véritable compétition et entravera la recherche de bienveillance, d'esprit d'équipe.

Histoire vécue en Norvège

 En Norvège, le festival d'improvisation national qui couronnait la meilleure équipe du pays offrait aux vainqueureuses des milliers de dollars en bourses étudiantes. Pendant des années, ce festival a été réputé pour ses scènes dénuées d'inspiration et son lamentable état d'esprit. Les équipes prenaient la compétition au sérieux et la bienveillance y avait rarement sa place. Aujourd'hui, le festival a changé de visage. Les bourses sont toujours d'actualité, mais le jury prend en compte des critères différents. On s'intéresse désormais au soutien de l'autre, aux manières dont les groupes coopèrent, à leur provenance et à celui qui aurait le plus besoin de cet argent. Il arrive même que l'on partage le prix entre les joueureuses ou les groupes les plus méritants. *Helena Abrahamsen, Oslo*

CONSEILS DE KEITH

Keith Johnstone - Impro For Storytellers p. 12

Mes conseils :
- Trouvez des juges qui oseront vous écarter lorsque vous êtes ennuyeuxse.
- Lancez-vous devant un public avant de savoir vraiment comment vous y prendre.
- Les premières rencontres que vous organiserez doivent rester très courtes (dix minutes, c'est déjà bien assez, et ça peut devenir long si vous n'avez pas d'inspiration).
- Échouez avec grâce.
- « Pansez vos plaies » : entraînez-vous et remettez-vous en selle. Dans un contexte scolaire, vos spectacles peuvent avoir lieu devant une autre classe, pendant la pause du midi, ou en défiant une autre école.

Steife Brise - Hambourg, Allemagne
par Klaus Friese

Loose Moose Theatre Calgary, Canada par Deborah Iozzi

Loose Moose Theatre - Calgary, Canada
par Deborah Iozzi

LA SCÉNOGRAPHIE

L'ATTENTION AUX DÉTAILS

Même s'il n'est pas essentiel au Theatresports™, l'usage de la scénographie encouragera les acteurices à détailler leur environnement : accessoires, décors, meubles, matériaux et autres objets. (Même sans décor, il est toujours bon d'avoir des accessoires, des chapeaux, des costumes, des grands ballons, etc., à portée de main des improvisateurices).

Un exemple d'usage de la scénographie pour améliorer la scène :
· créez un espace « salon » lorsque la scène le requiert (trois chaises avec un drap dessus constituent un sofa, une boîte noire représente une table basse, etc.).
· Ajoutez les figurant·es qui peuvent enrichir l'atmosphère d'un restaurant ou d'une fouille archéologique.
· Faites voler vos acteurices en les portant.
· Jouez sur les perspectives et les échelles pour représenter l'histoire d'un petit village de doigts piétiné par des monstres terrifiant·es.

Au Loose Moose, l'usage des décors a gagné ses lettres de noblesse avec les improvisateurs Tom Lamb et Shawn Kinley qui ont beaucoup réfléchi aux aspects techniques de la manipulation de meubles : ils les posaient sur scène pour créer des images vivantes, également grâce à des accessoires trouvés en coulisse. Shawn explique : « On était contents de nous lorsqu'on voyait que l'environnement que l'on proposait alimentait l'inspiration des improvisateurices. »

L'usage de la scénographie est riche d'enseignements en improvisation. À tout moment, lae scénographe cherche des solutions pour aider la scène, afin d'améliorer le spectacle. Ce sont des compétences clés pour l'improvisateurice.

Vous n'aurez pas toujours accès à des accessoires et des décors dans vos théâtres ; certains ateliers ont été développés pour faire de la scénographie avec le peu d'objets toujours à disposition.
Voici quelques idées :
Entraînez-vous au jeu du « Décor dans la valise ». Il s'agit d'une valise avec des objets pliables ou modifiables - vous donnerez l'impression d'avoir dix fois plus de possibilités que le nombre d'objets que vous transportez (des couvertures pour recouvrir les chaises et en faire des canapés, des parapluies qui deviennent des arbres ou des antennes paraboliques, etc...). Au final, votre valise d'accessoires ne prendra que peu de place.
Développez votre sens du mime et utilisez vos corps pour qu'ils deviennent les objets et personnages dont vous avez besoin.
Entraînez-vous à faire de votre environnement une autre réalité.

*Loose Moose Theatre
Calgary, Canada*
par Kate Ware

Jouez au Theatresports™ comme Keith l'a conçu.
Dennis Cahill - Loose Moose Theatre
Calgary, Canada

Keith Johnstone - Impro For Storytellers p. 5

Lorsque c'est possible, j'entoure mes joueureuses de tables jonchées d'objets divers : sac de golf, draps de lits, chaises roulantes, bateau gonflable pour ramer sur scène, et ainsi de suite.
En tournée, The Theatre Machine avait l'habitude de faire des descentes dans les locaux des accessoiristes ; on y a par exemple trouvé l'énorme cage de Hansel et Gretel à l'opéra de Vienne (que l'on n'a finalement pas utilisée).
Les « décors » sont manipulés par les « décoracteurices » qui rôdent dans les coulisses pour mimer un buisson qui roule à l'arrière d'une scène de western, ou pour draper une chaise de toile pour une scène au paradis. En repliant le tapis, ielles dévoileront le contour au scotch d'une scène de crime, ou déploieront une échelle noire à plat sur scène pour signifier une voie de chemin de fer, ou ielles se répartiront sur les côtés en portant des paniers pour symboliser un terrain de basket. Les spectateurices sont parfois mis·es à contribution. Une fois, j'ai vu cinquante spectateurices se précipiter sur scène et s'allonger en faisant des bruits de gadoue, pendant que les improvisateurices faisaient semblant d'être des chasseurs de canards embourbés dans un marais.

LE DÉBRIEFING

Après un spectacle, Keith fait très souvent un compte-rendu sur la performance. Les débriefings sont des sources d'information très importantes pour le jeu individuel et collectif.

Les notes peuvent concerner des scènes en particulier ou le spectacle en général. On peut s'intéresser aux questions suivantes :
· Est-ce qu'on entendait les acteurices ?
· Est-ce qu'il y avait de la variété, ou est-ce que les scènes étaient redondantes ?
· Est-ce que les joueureuses étaient bien éclairé·es ?
· Est-ce que les scènes continuaient sur leur première idée, ou est-ce qu'elles en déviaient ?
· Les juges ont-ielles pris assez de risques avec les klaxons ?
· Est-ce qu'on a pris soin des volontaires du public ?... Et ainsi de suite.

Essayez ceci :
· Après un spectacle, asseyez-vous toustes ensemble.
· Repassez la liste des scènes et des éléments techniques.
· Partagez brièvement votre ressenti, mais sans débat.
· Nommez un·e directeurice artistique qui pourra recenser les réussites et les échecs des joueureuses sur scène, avec en ligne de mire des feedbacks d'amélioration, individuels et collectifs. Par exemple : si une personne contrôle systématiquement les scènes ou se met trop en avant, cela doit faire partie des remarques. Sinon, le débriefing se limite à se repasser le film du spectacle sans chercher à s'améliorer. Cette attitude est très souvent absente des troupes de Theatresports™, et cela freine probablement leur développement.

Gardez à l'esprit le fait que vous êtes en train d'écouter le point de vue d'une seule personne sur ce spectacle. Cela ne signifie pas que les remarques sont justes ou fausses, mais qu'elles représentent une seule opinion. Les retours sont distribués simplement, efficacement et sans discussion. Ils doivent se concentrer sur les faits observés et non pas sur les « souhaits » de ce qui aurait dû se passer. Les commentaires devraient fournir une mise en perspective et d'autres informations, sans accuser ou punir ; on cherche à expliquer pourquoi telle scène a fonctionné ou non.
Une séance de 15 minutes est suffisante après un spectacle de deux heures.
Une personne doit diriger la session, face au groupe. Si le débriefing stagne, il faut le faire avancer.
Vous pourrez ensuite discuter des retours quand vous voudrez, mais pas pendant le débriefing. Cela prend trop de temps et génère des émotions négatives.

Recevoir un feedback

Il y a des personnes qui réagissent comme si on avait fracassé leur égo. Toutefois, la plupart comprennent vite que ces retours sont là pour améliorer le spectacle et le développement de la troupe. SOUVENEZ-VOUS que les débriefings sont là pour faire de meilleurs spectacles. Ils se concentrent sur le travail artistique, pas sur les individus.

Croquis de Keith Johnstone

Det Andre Teatret - Oslo, Norvège par Nils Peter Mørland

Stage Heroes - Singapour par Hyperfrontal Productions

Teatro A Molla - Bologna, Italie par Gianluca Zaniboni

* L'ATTENTION AUX DÉTAILS

LISTES DE JEUX THÉÂTRAUX

Unexpected Productions, Seattle, États-Unis

Certain·es formateurices pourraient être tenté·es d'affirmer que les jeux théâtraux constituent l'essence du Theatresports™. Rien n'est plus faux. Les jeux sont là pour enseigner l'attitude à avoir pendant le spectacle, pour faire perdre les mauvaises habitudes nuisant au travail artistique.

Les jeux peuvent être drôles et encouragent le développement de lae joueureuse. Lorsque l'attitude a été intégrée par lae joueureuse, il devient facile de retirer la structure pour qu'ielle puisse prendre plus de risques.

Il existe des tonnes de jeux différents, certains plus utiles que d'autres. Les jeux efficaces entraînent l'improvisateurice à jouer dans un état de collaboration bienveillante et l'ouvrent aux risques et à l'échec. Les jeux utiles font de vous des expert·es en histoires. À l'inverse, certains jeux moins pertinents risquent de donner aux improvisateurices de mauvaises habitudes : se fermer les un·es aux autres ou dégrader les histoires. Evitez les jeux purement verbaux ou les acrobaties intellectuelles, ou ceux qui encouragent la compétition et les émotions négatives. Le public peut bien en rire, mais vous devez vous demander : « pourquoi ». Tâchez de savoir si tous les joueureuses apprécient l'expérience.

Impro For Storytellers contient des jeux et des exercices utiles pour développer ses compétences en improvisation, en construction d'histoires, et pour comprendre la philosophie du Theatresports™.

Nous recommandons l'ouvrage de Keith et la pratique de ses exercices.

· Cadeaux mutuels *(p. 58) entraînement*
· Histoires un mot à la fois *(p. 131) entraînement et spectacle*
· Et après ? *(p. 134) entraînement et spectacle*
· phrases de trois mots *(p. 155) entraînement et spectacle*
· phrases d'un mot *(p. 155) entraînement et spectacle*
· Jeu du chapeau *(p. 156) entraînement et spectacle*
· Les Grimaces *(p. 162) entraînement et spectacle*
· Doublage *(p. 171) entraînement et spectacle*
· Meurs ! *(p. 183) entraînement et spectacle*
· Les attributs *(p. 185) entraînement et spectacle*
· Clap position *(p. 186) entraînement et spectacle*
· Devinez la phrase *(p. 187) entraînement et spectacle*
· Scène sans « P » *(p. 188) entraînement et spectacle*
· Une scène sans... *(p. 189) entraînement et spectacle*
· Changement d'axe de gravité *(p. 189) entraînement et spectacle*
· Oui-mais *(p. 190) entraînement*
· Justifier le geste *(p. 193) entraînement*
· Dit-ielle *(p. 195) entraînement et spectacle*
· Les Marionnettes *(p. 200) entraînement et spectacle*
· Les Bras *(p. 202) entraînement et spectacle*
· Environnement sonore *(p. 208) entraînement et spectacle*
· Ennuyer le public *(p. 212) entraînement et spectacle*
· Drame en bruit de fond *(p. 212) entraînement et spectacle*
· Charabia/Gromelot *(p. 214) entraînement et spectacle*
· Status *(p. 219) entraînement et spectacle*
· Fête des dotations *(p. 233) entraînement et spectacle*
· Jeu de lae monarque *(p. 237) entraînement et spectacle*
· Status haut et status bas *(p. 240) entraînement et spectacle*
· Commentaires au ralenti *(p. 241) entraînement et spectacle*

Certains groupes compliquent des jeux parce qu'ils les maîtrisent bien. Avec le temps, un jeu simple et épuré qui aidait les improvisateurices à mieux travailler peut se transformer en un numéro de cirque aux enchaînements complexes, comme des caniches savants qui sautent à travers des cerceaux.

Shawn Kinley - Loose Moose Theatre, Calgary, Canada

Courtyard Playhouse - Dubaï, Émirats arabes unis 📷 par Tiffany Schultz

POUR FINIR

CONCLUSION

Le Teatresports™ est né du désir d'avoir un public totalement engagé devant une représentation théâtrale. Toutefois, cette vision n'a jamais été l'objectif principal. À mesure que le concept s'est développé, il est devenu évident que pour la pertinence de la démarche, nos scènes devraient être un reflet de nos vies et des expériences des spectateurices. Les scènes doivent être la substance d'un spectacle de Theatresports™.

Quand il est joué correctement, il va de soi que le contenu est plus important que l'emballage. Puisque le Theatresports™ est précisément un grand rituel participatif, nous devons faire un effort pour que le tapage ne prenne pas le pas sur les histoires racontées. La joyeuse absurdité d'encourager des vraies-fausses équipes dans une parodie d'événement peut brusquement céder la place à des scènes poignantes et des émotions sincères.

Lorsque l'ambiance est survoltée, les moments calmes ont d'autant plus de sens. Quand vous faites rire l'auditoire, vous avez aussi une chance de le toucher en plein cœur, de lui tirer quelques larmes, ou simplement de lui faire tendre l'oreille.

Harlekin Theatre - Tübingen, Allemagne
par Hartmut Wimmer

Histoire vécue au Japon

Les membres de plusieurs troupes du pays participaient à un week-end d'ateliers Theatresports™, aboutissant sur un spectacle en public.

La dernière scène de la soirée était un défi de tie-break visant à départager les équipes. Bien que dans de nombreux pays, on aurait pu opter pour une scène rimée, cela n'est pas possible en japonais où la grammaire est différente. À la place, nous avons assisté à « la meilleure scène parlée en haïkus ». Le résultat était si réussi et si poignant que l'on pouvait entendre le public bruisser d'émotion. Cela a visiblement remué les joueureuses, et même celleux qui ne comprenaient pas la langue avaient le sentiment d'avoir assisté à quelque chose de simple et de splendide.

Steve Jarand

POUR PLUS D'INFORMATIONS

Bienvenue dans la communauté de l'ITI, nous vous souhaitons de formidables aventures avec Theatresports™!

Impro : Improvisation et théâtre - Keith Johnstone (Ipanema)
Décrit la genèse et les premiers pas de l'improvisation théâtrale vue par Keith Johnstone..

Impro For Storytellers (Faber & Faber) [en anglais] Keith Johnstone
L'ouvrage décrit le Theatresports™, son origine et certains points essentiels sur sa pratique. Plusieurs autres concepts de Keith Johnstone y sont évoqués, avec nombre de scènes, d'exercices et de jeux expliqués en détail..

La Newsletter de l'ITI
Source intarissable pour la communauté de l'International Theatresports™ Institute : des articles, ressources en ligne et récits d'événements. Inscrivez-vous ici : impro.global/resources/join-the-newsletter

impro.global
Dans l'onglet Ressources, la newsletter de Keith Johnstone (protégé par mot de passe ; vous devez être membre de l'ITI pour pouvoir y accéder). La plupart des bulletins de Keith sont dédiés au Theatresports™.
Vous trouverez également une liste des formateurices agréé·es, des vidéos, livres, articles, manuels et traductions.

Application Theatresports™ Handbook
disponible sur iTunes

Pour une question précise :
admin@theatresports.org
Ou encore mieux, en contactant votre personne de contact régionale :
impro.global/about-us/iti-humans